昭和～平成時代の名古屋鉄道 第2巻

名古屋本線西部・津島線・尾西線

服部重敬 著

協力：白井 昭、NPO法人名古屋レール・アーカイブス

金山橋駅ですれ違う名鉄の流線形2態。3400系（左）と850系（右）。1981.8.30　Ha

昭和～平成時代の名古屋鉄道 **第2巻**

名古屋本線西部・津島線・尾西線
·····Contents

3650系の2本が連結した、おそらく名鉄のAL車で最も美しい編成。モ3650形はモ3350形（後のモ3600形）と同時期の1941（昭和16）年に2両が製造された片運転台車で、1952（昭和27）年にモ3600形と同形態の元知多鉄道モ950形で、直前に2扉化と電装解除されていたク2650形と編成を組んだ。
両運転台だったモ3600形共々、ノーウィンドゥ・ヘッダーの一段上昇窓や窓上隅のRなど美しい外観で、国鉄のモハ52形の流線形をやめて張り上げ屋根でスマートな外観となったモハ43系が生まれたのと同じ経緯で、流線形3400系の後継として誕生した歴史を踏まえ、「名鉄の半流」と呼ばれた。残念ながらモ3600系の4本は1960（昭和35）年からの重整備で高運転台化（モ3603を除く）と全窓の上隅R直角化が行われて優雅さが失われたが、モ3650形は最後まで窓上隅のRが前面も側面も残っていて、美しい外観を保っていた。戦前のよき時代を伝える名車だった。国府宮〜島氏永　1979.2.9　Ha

本誌で紹介する路線

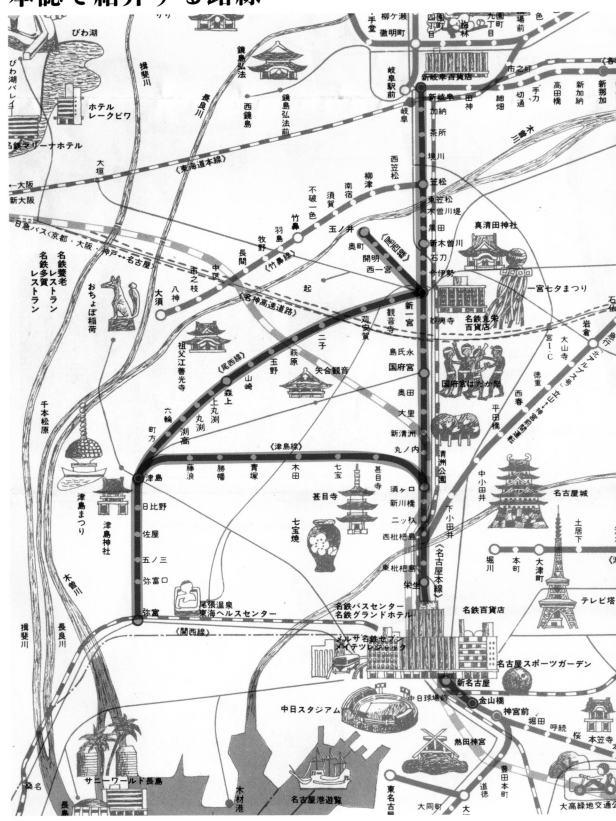

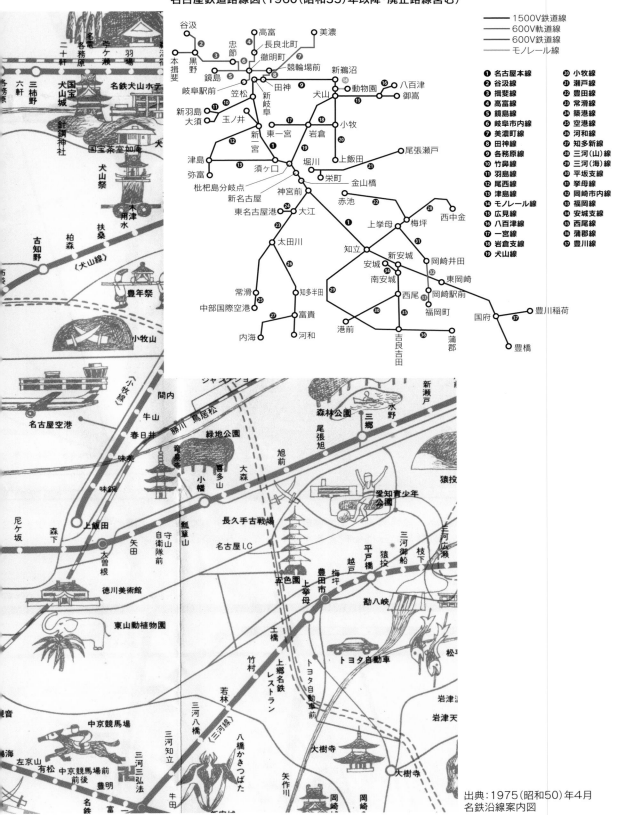

名古屋鉄道路線図（1960（昭和35）年以降・廃止路線含む）

凡例：
——— 1500V鉄道線
——— 600V軌道線
——— 600V鉄道線
——— モノレール線

❶ 名古屋本線
❷ 谷汲線
❸ 揖斐線
❹ 高富線
❺ 鏡島線
❻ 岐阜市内線
❼ 美濃町線
❽ 田神線
❾ 各務原線
❿ 竹鼻線
⓫ 羽島線
⓬ 尾西線
⓭ 津島線
⓮ モノレール線
⓯ 広見線
⓰ 八百津線
⓱ 一宮線
⓲ 岩倉支線
⓳ 犬山線
⓴ 小牧線
㉑ 瀬戸線
㉒ 豊田線
㉓ 常滑線
㉔ 築港線
㉕ 空港線
㉖ 河和線
㉗ 知多新線
㉘ 三河（山）線
㉙ 三河（海）線
㉚ 平坂支線
㉛ 挙母線
㉜ 岡崎市内線
㉝ 福岡線
㉞ 安城支線
㉟ 西尾線
㊱ 蒲郡線
㊲ 豊川線

出典：1975（昭和50）年4月
名鉄沿線案内図

5

名古屋鉄道の路線一覧1960（昭和35）年以降の運行路線

路線名	区間	営業キロ程(km)			廃止年月日
		鉄道	軌道	合計	
名古屋本線	豊橋～新岐阜	99.8		99.8	
	知立分岐点～三河知立	0.8		0.8	1984年4月1日廃止
東部線					
豊川線	国府～豊川稲荷		7.2	7.2	
岡崎市内線	岡崎駅前～岡崎井田		5.8	5.8	1962年6月17日廃止
福岡線	岡崎駅前～福岡町	2.4	0.1	2.5	1962年6月17日廃止
西尾線	新安城(今村)～吉良吉田	24.7		24.7	
安城支線	南安城～安城	1.1		1.1	1961年7月30日廃止
平坂支線	西尾～港前	4.5		4.5	1960年3月27日廃止
蒲郡線	吉良吉田～蒲郡	17.6		17.6	
三河線	吉良吉田(碧南)～西中金(猿投)	64.8 (39.8)		64.8 (39.8)	2004年4月1日 猿投～西中金、吉良吉田～碧南間廃止
挙母線	岡崎井田～上挙母	11.5		11.5	1973年3月4日廃止 (岡崎井田～大樹寺間 1962年6月17日廃止)
豊田線	梅坪～赤池	15.2		15.2	
常滑線	神宮前～常滑	29.3		29.3	
築港線	大江～東名古屋港	1.9 (1.5)		1.9 (1.5)	1990年11月25日短縮
空港線	常滑～中部国際空港	4.2		4.2	第三種鉄道事業者は 中部国際空港連絡鉄道
河和線	太田川～河和	28.8		28.8	
知多新線	富貴～内海	13.9		13.9	
西部線					
犬山線	枇杷島分岐点～新鵜沼	26.8		26.8	
モノレール線	犬山遊園～動物園	1.2		1.2	2008年12月28日廃止
一宮線	岩倉～東一宮	7.1		7.1	1965年4月25日廃止
各務原線	新岐阜～新鵜沼	17.6		17.6	
広見線	犬山～御嵩	22.3		22.3	
八百津線	伏見口(明智)～八百津	7.3		7.3	2001年10月1日廃止
津島線	須ヶ口～津島	11.8		11.8	
尾西線	弥富～玉ノ井	30.9		30.9	
竹鼻線	笠松～大須(江吉良)	17 (10.3)		17 (10.3)	2001年10月1日 江吉良～大須間廃止
羽島線	江吉良～新羽島	1.3		1.3	
小牧線	上飯田～犬山	20.6		20.6	上飯田～味鋺間 第三種鉄道事業者は上飯田連絡線
岩倉支線	小牧～岩倉	5.5		5.5	1964年4月26日廃止
瀬戸線	堀川(栄町)～尾張瀬戸	21.8 (20.6)		21.8 (20.6)	1976年2月15日 堀川～東大手間廃止
岐阜地区					
岐阜市内線	岐阜駅前～長良北町		4.9	4.9	1988年6月1日(徹明町～長良北町間)、2005年4月1日廃止
岐阜市内支線	徹明町～忠節		2.8	2.8	2005年4月1日廃止
美濃町線	徹明町～美濃		24.8	24.8	1999年4月1日(関～美濃間)、2005年4月1日廃止
田神線	田神～競輪場前		1.4	1.4	2005年4月1日廃止
高富線	長良北町～高富	5.1		5.1	1960年4月22日廃止
鏡島線	千手堂～西鏡島	4.4		4.4	1964年10月4日廃止
揖斐線	忠節～本揖斐	18.3		18.3	2001年10月1日(黒野～本揖斐間)、2005年4月1日廃止
谷汲線	黒野～谷汲	11.2		11.2	2001年10月1日廃止

※（　）内は2024年1月1日現在の路線長

名古屋鉄道の系譜

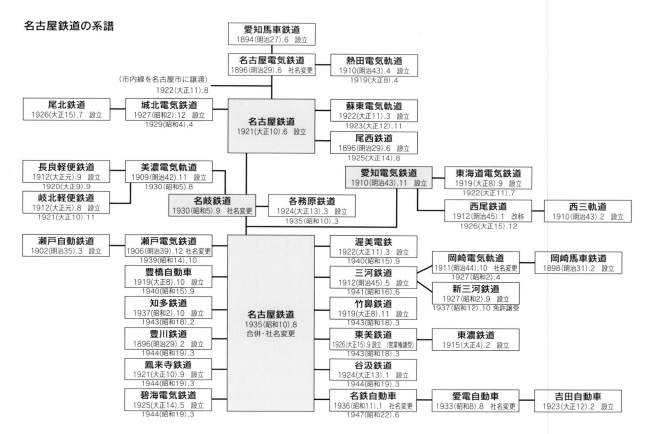

参考文献

名古屋鉄道社史　名古屋鉄道　1961(S36)年
名古屋鉄道百年史　名古屋鉄道　1994(H6)年6月
名鉄120年　近20年のあゆみ　名古屋鉄道　2014(H26)年
写真が語る名鉄80年　名古屋鉄道　1975(S50)年
この駅この町　沿線散歩・名鉄100駅　名古屋鉄道　1986(昭和61)年
地図で読み解く名鉄沿線　NPO法人名古屋レール・アーカイブス　2021(R3)年
愛知の駅ものがたり　藤井建　2022(R4)年
日本鉄道旅行地図帳　7号　東海　今尾恵介　2008(H20)年
日本鉄道旅行歴史地図帳　7号　東海　今尾恵介・原武史　2010(H22)年
名古屋鉄道車両史上・下巻　清水武、田中義人　アルファ・ベータブックス　2019(H31,R1)年
名古屋鉄道の貨物輸送　清水武、田中義人　フォト・パブリッシング　2021(R3)年
名古屋鉄道各駅停車　清水武　洋泉社　2016(H28)年
名鉄パノラマカー　徳田耕一　JTBパブリッシング　2001(H13)年
鉄道車両データファイルNo.19　名鉄7000系　山田司　2016(H28)年
改定新版　データブック　日本の私鉄　寺田裕一　ネコ・パブリッシング　2013(H25)年
指定券類図録(附：名古屋鉄道座席指定券)　久田進・今枝憲治　1984(S59)
東海地方の鉄道敷設誌Ⅰ、Ⅱ、Ⅲ　井戸田弘　2008(H20)
名鉄社内報　れいめい　各誌　名古屋鉄道
名鉄ニュース各誌　名古屋鉄道
鉄道図書刊行会
鉄道ピクトリアル　No.246　「失われた鉄道・軌道を訪ねて〜名古屋鉄道起線」　神田功　1971(S46)年1月
鉄道ピクトリアル　No.370　名古屋鉄道特集　1979(S54)年12月
鉄道ピクトリアル　No.372、373　「幻の尾西鉄道」　神田功　1980(S55)年2,3月
鉄道ピクトリアル　No.426　流線型半世紀　1984(S59)年1月
鉄道ピクトリアル　No.473　名古屋鉄道特集　1986(S61)年12月
鉄道ピクトリアル　No.624　名古屋鉄道特集　1996(H8)年7月
鉄道ピクトリアル　No.771　名古屋鉄道特集　2006(H18)年1月
鉄道ピクトリアル　No.791　知られざる名鉄電車史Ⅰ　2007(H19)7月
鉄道ピクトリアル　No.812　名鉄パノラマカー　2008(H20)年12月
鉄道ピクトリアル　No.816　名古屋鉄道特集　2009(H21)年3月
鉄道ピクトリアル　No.905、906　「戦前における名古屋駅改良工事と三私鉄の名古屋駅前乗入れ1、2」　松永直幸　2015(H27)年7、8月
鉄道ピクトリアル　No.969　名古屋鉄道2扉クロスシート車　2020(R2)2月
鉄道ピクトリアル・アーカイブス30　名古屋鉄道1960〜70　鉄道図書刊行会　2015(H27)2月
鉄道ピクトリアル・アーカイブス31　名古屋鉄道1970〜80　鉄道図書刊行会　2015(H27)6月
その他、名古屋鉄道時刻表、鉄道ピクトリアル、鉄道ファン、鉄道ジャーナル、Wikipedeia の名鉄関連記事を参考にしました

はじめに

　1976（昭和51）年に名古屋鉄道に入社以来、沿線の鉄道風景を折々に触れ、撮影してきた。それら写真がかなり溜まったことから、機会を見て写真集としてまとめたいと思っていたが、なかなかその機会は訪れなかった。

　そうした中、NPO法人名古屋レール・アーカイブスで、会社の先輩でもある田中義人さんから、大井川鐵道の副社長を務められた大先輩の白井　昭さんのデジタル化した写真を見せていただいた。それらを見て、驚いた。極めてこまめに名古屋鉄道のさまざまなシーンを撮影しておられる。また、車両の形式中心の写真ばかりでなく、走行写真も多い。標準レンズによる撮影だが、情景を取り入れ、当時の様子が写し込まれている。自分が撮ったのと同じ場所で撮影した写真も少なくない。また、保存の大敵であるビネガーシンドロームにネガが冒されておらず、保存状態が極めて良いのもありがたかった。これらを自分が撮影した写真と比較できるように載せたら、名鉄沿線の時代の移り変わりを見比べることができるのではないか。

　そうした折に、フォト・パブリッシングの福原社長様から名鉄沿線の写真集を10分冊で出版しないか、とのご提案があった。白井さんの撮影は、主に1955（昭和30）年から1970（昭和45）年までの15年間で、小生の撮影が主に1976（昭和51）年以降なので、途中5年ほどの空白期間はあるものの、二人で70年近い期間の名鉄を記録していることになる。そこで、白井さんと小生の写真を組み合わせ、さらにNPO法人名古屋レール・アーカイブスが所蔵する故・倉知満孝さんが撮影された駅舎の写真を始めとする豊富な資料や写真などで、名鉄の歴史を線区毎に紹介することにした。

　車両面や貨物輸送については、清水　武さんや田中さんの既著「名古屋鉄道車両史　上・下巻」や「名古屋鉄道の貨物輸送」があることから、本書では沿線写真に加え、それらの撮影に関連する車両の運行面の記録を中心にまとめることにした。加えて、これまで学会誌や雑誌等に発表した名古屋鉄道に関する研究記事も載せることで、内容を充実させたつもりである。沿線写真については駅を基準として、その付近の写真をまとめている。

　なお、本書をまとめるにあたり、NPO法人名古屋レール・アーカイブスの会員各位と澤田幸雄、寺澤秀樹氏にご助言をいただきました。誌上より厚くお礼を申し上げます。

写真撮影・資料所蔵略称

Ar	荒井友光	In	井上大令	Uc	内山知之
Is	稲見眞一	Km	神谷静治	Kr	倉知満孝
Si	白井　昭	Tk	田中義人	Ha	服部重敬
Gd	Gordon Davis	Hi	J.W.Higginz	Nr	成田愛苗
Mz	水野茂生				

特記なき写真・資料はNPO法人名古屋レール・アーカイブス所蔵

第1章
名古屋本線西部
【金山橋(現・金山)〜新岐阜(現・名鉄岐阜)間】

　一宮、岐阜への路線である名古屋本線の西部区間は、路面電車的な色彩を残していた旧・名古屋鉄道が本格的な郊外鉄道に発展していく歴史を随所に残している路線である。国鉄東海道本線とほぼ完全に並行していることから長年にわたり激しい競争が続き、運行頻度を高めたり、日本で初めての設備を備えた優秀な車両の投入により対抗をしてきた。

新名古屋駅を出発する7000系特急改装車(白帯車)と飯田行の中央道特急バス、人間博物館(現・野外民族博物館)「リトルワールド」行バス。1984(昭和59)年に初めて発刊された名鉄電車・バス時刻表Vol.1の表紙写真と同時の撮影である。新名古屋駅を出発する電車と1967(昭和42)年に完成した名鉄バスターミナルビルとのカットは、躍進する名鉄を代表する光景として、この頃の広報誌によく使用された。1984.5　Ha

名古屋本線の西部にあたる金山橋（現・金山）〜新岐阜（現・名鉄岐阜）間は、名古屋鉄道の前身である名古屋電気鉄道、尾西鉄道、美濃電気軌道の3社が建設した区間を、直通運転を行うため統合した歴史を持つ。名古屋電気鉄道から郡部線を分離して設立された初代名古屋鉄道及び美濃電気軌道、およびその2社が合併した名岐鉄道では、1928（昭和3）年の丸之内〜国府宮間開業により新一宮まで結ぶと共に、

1935（昭和10）年4月29日の木曽川橋梁竣工とそれに伴う新一宮と笠松間の路線開業で新岐阜までの直通運転が可能となった。名古屋本線西部区間の骨格の完成である。さらに1941（昭和16）年8月12日に枇杷島橋からの路線建設で新名古屋（現・名鉄名古屋）駅が開業、1944（昭和19）年9月1日の西部線の起点である新名古屋と東部線の起点である神宮前を結ぶ東西連絡線の開業、そして1948（昭和23）年5月12日の西

1989（平成元）年に金山総合駅として開業した金山駅付近を走るモ850形852を先頭としたAL（自動加速制御）車8連の884列車。モ850形は、世界的な流線形ブームの中、元愛知電気鉄道の東部線に竣工したモ3400系に対抗するため、元名岐鉄道の西部線用の流線形車両として、主力車だったモ800形の設計を変更して1937（昭和12）年に2本が誕生した歴史を持つ。AL車による8連は、犬山線朝ラッシュ時の輸送力列車として運転されていた。
1979.11.13　金山橋〜ナゴヤ球場前間　884列車
モ852-ク2352＋モ3600形-ク2600形＋3900系4連　Ha

部線の架線電圧1500V昇圧により、現在の名古屋本線が誕生している。

こうした歴史的経緯から、丸ノ内から笠松の間は直線が多い高速運転に適した線形であるのに対し、名古屋電気鉄道が1914（大正3）年に最初期の郊外線として建設した枇杷島橋と須ヶ口の間や美濃電気軌道が同年に笠松線として建設した新岐阜〜笠松間には急な曲線が存在して、速度向上の障害となってき

た。また、須ヶ口や笠松を経由することで、新名古屋と新岐阜間の路線長は31.7kmあり、同区間を直線で結ぶ国鉄（現JR）の東海道本線の30.3kmより1.4km長く、そのため所要時間の点でも不利であった。こうしたことから、かつては優秀な車両の投入や運行頻度を高めることで対抗してきたが、国鉄からJRに移行した頃から競争環境が厳しくなり、苦しい戦いを余儀なくされている。

金山橋(現・金山)駅

岐阜方面への路線を運行していた名岐鉄道と豊橋方面への路線を運行していた愛知電気鉄道は、1935 (昭和10)年に合併し名古屋鉄道(2代目)が誕生した。しかし、路線は押切町と神宮前の間で分かれたままであった。名鉄では東と西に分かれていた路線を結ぶことを目標にして、1941 (昭和16)年8月に新名古屋(現・名鉄名古屋)駅まで開業。さらに戦時下の軍需工場への輸送力を確保するため、東西連絡線として新名古屋〜神宮前間5.8kmを建設する。その中間駅として1944 (昭和19)年9月1日に開業したのが金山駅(翌20年7月1日に金山橋と改称)である。国鉄線を含めてこれまで金山地区に駅は無かったので、名鉄の金山駅が金山に駅が設置された最初である。

開業時には架線電圧が東部線は1500V、西部線は600Vと異なっていたため直通運転ができず、金山駅での乗換を強いられた。豊橋方面の東部線の列車は神宮前から延長して金山駅を起点として運転されたが、西部線の列車は新名古屋駅が始発だったため、新名古屋〜金山間の区間運転で連絡した。西部線の架線電圧が1500Vに昇圧されたのは1948 (昭和23)年5月12日で、5月16日から直通運転が開始され、同時に1944 (昭和19)年12月21日に金山を境に豊橋線、名岐線となっていた線名が一本化されて名古屋本線になった。

名古屋市は戦後の戦災復興計画で金山地区を副都心とする構想を立て、1947 (昭和22)年3月に開催された「鉄道復興計画委員会」で、国鉄東海道本線と中央本線に駅の設置、名鉄金山橋駅の移転と建設予定の地下鉄駅とも一体化した総合駅の建設を決定した。まず、1957 (昭和32)年に国鉄中央本線の複線高架化に伴い総合駅配線計画が協定され、1962 (昭和37)年1月25日に中央本線の金山駅が設置された。現在の金山総合駅の位置に設置された最初の駅である。続いて1967 (昭和42)年3月30日には地下鉄金山駅が開業した。1972 (昭和47)年3月には東海道本線を1面2線、名鉄線を2面4線とすることが最終決定されたが、建設費用の分担などが問題となり、建設は停滞した。

移転計画があったことから、金山橋駅は1945 (昭和20)年3月12日の空襲で被災し、復旧した建物がそのまま使われていた。1970 (昭和45)年6月に堀田駅に設置されていた跨線橋を転用するまでは、ホームへは手動操作の構内踏切で対処していた。

1987 (昭和62)年になると、名古屋市制100周年の記念事業である「世界デザイン博覧会」の開催が迫ってきたことから名古屋市、JR東海、名鉄の3社間で合意が成立し、基本協定が締結された。これに伴って工事が開始され、デザイン博の開催を控えた1989 (平成元)年7月9日に金山橋駅を300m移設して金山総合駅が開業し、駅名も金山と改称した。同時期に金山〜神宮前間の複々線化工事も進められ、翌1990 (平成2)年4月1日に使用が開始されている。

その後、2004 (平成16)年3月20日に東口改札の新設と駅内商業施設の金山プラザがリニューアルオープン。同年12月20日に西口改札、翌日の12月21日にJRとの間の連絡改札が新設されている。

金山橋時代は、地下鉄に乗り換えるため、線路沿いに緩やかな坂をのぼり、大津通に出て、300mほど歩く必要があった。大津通への通路には店舗が並び、屋根が架けられていた。
1989.6.3　Ha

金山総合駅に移転する最終日の金山橋駅名標。
1989.7.8　Ha

1967（昭和42）年7月と総合駅移転直前の1989（平成元）年5月28日撮影の金山橋駅舎。建物は変わってないが、道路側に跨線橋への通路が増設されたことがわかる。名古屋中心部や南部へ便利なことから地下鉄への乗り換え客が多く、当時の金山橋駅の利用者数は8万5千人/日と名鉄の中でも2番目に多かったが、移転計画があるとはいえ、あまりにも古色蒼然とした建物だった。Kr、Ha

自動券売機と2つの有人窓口があった金山橋駅の切符売り場。左側に改札口と跨線橋への通路があった。
1989.7.1　Ha

跨線橋新設にあわせて道路寄りに設けられた改札口と通路。
1989.7.1　Ha

跨線橋側からみた改札口。通路沿いに立ち食いのうどん屋、小規模な衣料品を販売する店舗があった。1970（昭和45）年に整備されたとは思えないほど簡素な造りで、駅から大津通への通路の商店街同様、昭和30年代の雰囲気を残していた。
1989.7.1　Ha

堀田駅から1970（昭和45）年6月に移設された跨線橋。堀田駅の跨線橋は、高架化工事に伴い、地下道に変わり1966（昭和41）年に設けられ、1969（昭和44）年2月の全面高架化を経て、金山橋に転用された。1989.7.1　Ha

金山橋駅で行き違う7500系。夏の朝で、ホームでは夏服姿の学生が電車を待っている。1984.7.1　Ha

昭和20年代末期の金山橋駅。3400系3連が停車中。1953.2　Si

金山橋に停車する3400系の常滑行特急。塗装は1967（昭和42）年夏から採用されたストロークリームに赤帯。1975（昭和50）年以降、スカーレット化されている。常滑への特急は、列車種別が1977（昭和52）年3月に高速に変更されている。
1976.11.3　Ha

1955（昭和30）年の同地点の3400系。車体は1967（昭和42）年から更新され、正面窓が曲面の連続ガラスとなり、形状が大きく変わった。
1955.11　Si

跨線橋のない時代の金山橋駅に停車する登場直後の7000系。構内連絡通路の踏切から撮影している。
1961.8　Si

金山橋ですれ違う6000系。左の6000系は種別・方向幕が故障していて種別板、行先板が取り付けられている。種別板、行先板が前面に付けられると、6000系の元となった7700系に似た感じとなる。1981.3.29　Ha

跨線橋のない頃の金山橋で並ぶ5200系の特急「三河湾2号」（左）、3800系の新鵜沼行急行（中）、5000系の河和行急行（右）。1960.6　Si

金山橋駅ですれ違う7000系4連の新岐阜行特急と高山本線から直通してきたキハ8000系の特急「北アルプス」。跨線橋への階段は東西両方向にあった。1981.7.18　Ha

高座橋（たかくらばし）から見た金山橋駅。車両は3850系 ク2859-モ3859の佐屋行準急。3850系は1951（昭和26）年に登場した全席固定クロスシートのロマンスカーだった。
1979.7.21　Ha

構内踏切があった頃の金山橋駅。登場間もないパノラマカーが3本並んでいる。
1962.8　Nr

名鉄線が東海道本線と並行して中日球場前に向かっていた頃の高座橋。モ3500形は2扉クロスシートの優等車両として計画されたが、戦時下の輸送力確保のため、1942（昭和17）年9月に3扉ロングシート車に変更して登場した。竣工時は電装品の手配ができず、制御車や附随車として使用されていたが、戦後の1946（昭和21）年末に電動車化されている。1951（昭和26）年に2扉車に改造されたが、このため、中央の窓2つはやや幅が狭い。
モ3503-ク2503
1957.3　Si

高座橋をくぐり、金山橋駅に到着する5500系の三河線直通特急。1970（昭和45）年6月に堀田駅から転用した跨線橋が設置されるまでは、新名古屋方に構内踏切があり、手動で操作されていた。1966.11　Si

同地点の1000系パノラマスーパー。金山総合駅に移転する前日の記録である。1970（昭和45）年に現・金山総合駅付近の線路位置が変更され、金山橋駅への上り線は新たに高座橋に開口部をつくり、線路が敷設されている。1989.7.8　Ha

コラム 金山橋の駅舎前を通っていた名古屋市電

1944（昭和19）年9月1日に開業した金山橋（開業時から翌年7月1日までは金山）の駅前には、名古屋市電の路線が敷かれていた。

金山橋駅の駅前を走っていたのは、名古屋市電の八熊通～高辻間を結んでいた八熊東線の東西連絡線である。八熊東線は戦時下の輸送力を高めるため、昭和10年代に整備された県道29号弥富名古屋線の名古屋市内区間（1984（昭和59）年に八熊通と命名）の八熊通～高辻間に路面電車を敷設した路線である。しかし、その間の沢上交差点東には東海道本線と建設中の名鉄東西連絡線があり、道路のように踏切がつくれないことから、交差部分をどう回避するかが課題となった。そこで沢上交差点から、一旦、東海道本線と名鉄線が立体交差となっている熱田線を北上し、高座橋で両線を越えたところで東側に分岐して名鉄線の北側を走る新設軌道の路線を建設し、池内町で高辻への路線と連絡することにした。

まず、1943（昭和18）年12月30日に八熊東線八熊通～沢上町間0.9kmが道路上に開業。柳橋～船方間の路線である下江川線と栄町～熱田伝馬町間の路線である熱田線の間を東西に結んだ。翌1944（昭和19）年3月1日には高辻から西への路線が池内町を経て東海道本線の踏切のあった沢下町（仮）停留場まで0.9kmが道路上に開業し、残る沢上町と沢下町（仮）の間は徒歩連絡とした。さらに、

沢上町と池内町の間については、既存の熱田線沢上町～金山橋と新設の八熊東線東西連絡線（金山橋～池内町）によって結ぶこととし、中央本線を跨ぐ金山橋の南側に設けられていた金山橋停留場から名鉄線に沿って線路を敷くことになった。金山橋から池内町に至る0.7kmの区間は、建設中の名鉄東西連絡線の北側に新設（一部併用）軌道で線路が敷設された。この八熊東線東西連絡線は、名鉄東西連絡線が開業した1944（昭和19）年9月1日から3ヶ月余遅れた12月20日に開業した。

八熊通から沢上町を経て東郊線（鶴舞公園～高辻～滝子・堀田駅前）の高辻を結んだ八熊東線は、名古屋市内南

池内町（沢下）側から眺めた金山橋方面。左側の建物が名鉄金山橋駅。1953（昭和28）年頃　Kr

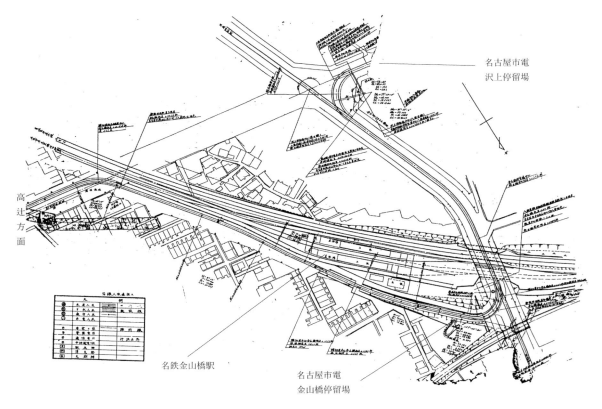

高辻方面

名古屋市電
沢上停留場

名鉄金山橋駅

名古屋市電
金山橋停留場

八熊東線東西連絡線の路線図　所蔵：Uc

部を東西に結ぶ東西の幹線となり、1952（昭和27）年の運転系統図では、沢上町から桜山町を経て笠寺西門への31号系統と稲永町から八熊通、沢上を経て桜山町への51号系統が運行されている。

　沢上町〜池内町間で東海道本線と名鉄名古屋本線をまたぐ沢上跨線橋が完成し、同区間0.4kmの路線が開業したのが1954（昭和29）年7月1日で、同日をもって八熊東線東西連絡線は廃止となった。

金山橋停留場の分岐部。右に分岐する路線が名鉄金山橋方面。ちなみに金山橋は中央本線をまたぐ跨線橋の名前であり、東海道本線と名鉄線をまたぐ跨線橋は高座（たかくら）橋である。1950（昭和25）年頃　Ar

金山橋停留場付近から見た名鉄金山橋駅へのスロープ。1950（昭和25）年頃　Ar

金山橋停留場から名鉄金山橋駅へのスロープを下る1050型1063。1953（昭和28）年頃　Kr

池内町（沢下）から金山橋に向かう1050型1063。電車の後ろの鉄道路線が名鉄名古屋本線。名鉄名古屋本線と東海道本線を跨ぐ沢上跨線橋が完成間近である。1953（昭和28）年頃　Kr

沢上跨線橋から眺めた八熊東線東西連絡線。線路の敷設状況がよくわかる。左側が名鉄名古屋本線。1954（昭和29）年頃

名古屋市電最末期の頃の沢上跨線橋。この区間の名古屋市電は最後の営業路線として、1974（昭和49）年3月31日に廃止された。1974.1　Ha

金山橋（現・金山）〜ナゴヤ球場前（前・中日球場前、現・山王）間

現在、金山総合駅が設けられている場所は、名古屋城から熱田神宮に向けて伸びる熱田台地を開削して線路を敷設しており、南から東海道本線、名鉄名古屋本線、中央本線が並んでいる。戦後の復興計画で総合駅設置が決定し、そのための用地が確保されていた。

建設費の分担問題などで総合駅の実現が遅れていたが、名古屋市制100周年の記念事業である「世界デザイン博覧会」の開催を機に3社間で合意が成立し、1989（平成元）年7月9日にJR東海道本線と中央本線、名鉄の金山駅を一体化した金山総合駅が開業した。

現在の金山総合駅付近を走る7000系特急改装車（白帯車）4連の特急と6000系4連。1984.7.1　Ha

1955（昭和30）年の高座橋から見た新名古屋方面。右側の非電化単線の線路は国鉄中央本線。3800系4連の特急が岐阜に向かう。
1955.6　Si

1969（昭和44）年10月の同地点。車両は3400系の行先よりも新名古屋の文字が大きく書かれた「新名古屋経由御嵩」行特急。この後、名鉄線が北側に移設され、東海道本線に金山駅ホームの場所が確保された。国道22号の金山新橋寄りには移設する名古屋本線の線路工事が行われている。
1969.10　Ha

1970（昭和45）年に行われた線路の移設に伴い、名鉄線は中央本線寄りに移され、上り線は高座橋に新たな開口部を設けて北側から金山橋に向かうことになった。
1979.10.25　Ha

1981（昭和56）年には下り線が少し東海道本線側に移設されている。東海道本線にはホーム用地が確保されている。
1981.9　Ha

下り線の線路は1984（昭和59）年に東海道本線の上り線寄りに再移設され、現在の金山駅の用地が明確になった。
1987.9.20　Ha

金山総合駅建設中の同地点。線路位置は大きく変わっていないことがわかる。
1988.10.22　Ha

現在の金山総合駅の場所を走るAL車2連×4本が連なった犬山線からの鳴海と蒲郡行急行882列車。神宮前で分割され、前4両は蒲郡行急行、後ろ4両は鳴海行普通となった。8連は犬山線の朝ラッシュ時に対応するための輸送力列車であるが、2扉車中心の編成では、さぞ、乗降に時間がかかったであろうと推察される。AL車とは制御器が自動進段の車両の総称でA（Auto/自動）L（line）の略。
モ3502-ク2502＋3800系2連＋3550系2連＋3850系2連
1979.11　Ha

同地点ですれ違うモ3603-ク2603＋3850系2連と7300系ほかのAL車6連。
1979.11　Ha

工事中の中央本線金山駅付近を走る7000系。中央本線金山駅は旧線から北側に寄せて敷設されたことがわかる。
1961,6　Nr

国鉄中央本線の金山駅横ですれ違う3700系HL車の4連と3650系ほかのAL車4連。この頃、AL車、HL車のクロスシート車はストロークリームに赤帯の塗装だった。HL車とは制御器が手動進段の車両の総称でH（Hand/手動）L（Line）の略。
（右）ク2736-モ3736＋3730系2連　（左）ク2655-モ3503＋3800系2連　1976.9.21　Ha

同地点を走るキハ8000系7連の169D「犬山うかい」号。急行「北アルプス」の特急への格上げが間近なことから、すでに後ろ3両は特急塗装の「ヒゲつき」となっている。
1976.9.18　Ha

同地点を走るモ7042ほか7000系6連。中間には1975（昭和50）年にラッシュ対策として客室扉を1300mmの両開戸とした7000系9次車の7050形（車両番号は7100番台）が組み込まれている。
1976.9.21　Ha

金山橋と中日球場前の間、正木橋の西側を走る3600系と3900系の変組成。4両組成の3900番が半分に分割され、代わりに3600系が連結されている。昭和40年代前半にストロークリームに赤帯に変更されるまでは、クロスシート車の塗装はサーモンピンクにマルーンだった。手前の2線は東海道本線。
1962.12　Si

堀川を渡り金山橋に向かうライトパープル塗装の3730系ほかHL車の6連。ライトパープル（薄い青紫色）塗装は1966（昭和41）年に登場した3780系で採用されたが、視認性が悪かったことからわずか1年で終了した。
1967.3　Nr

堀川の東側で中央本線のD51と併走するモ3561-ク2561＋3800系2連。モ3560形3561は1960（昭和35）年5月に踏切事故で焼失したモ3504を、当時、鋼体化を進めていたHL車と同じ車体を新造し復旧した車両で、当時、編成を組んでいたク2561と番号を揃えてモ3561とした。塗装はAL車の標準色である濃緑であるが、全金属車体にこの塗装は違和感があった。
1962頃　Km

堀川を渡る7000系。この頃は堀川端に製材所が点在していて、堀川には丸太が浮かんでいた。1978.1.28　Ha

コラム 国鉄線を走る名鉄電車

中日球場前駅の南側、堀川の鉄橋から中日球場前駅にかけては、工事に伴い国鉄線を仮線として使い、名鉄電車が国鉄線を走る珍しい光景が2度に亘って見られた。

最初は1959（昭和34）年11月からの中央本線複線化に伴う乗越橋工事の時で、東海道本線を仮線として使用し

た。二度目は1962（昭和37）年3月から翌年8月までの市道江川線の拡幅にあわせ、交差する笹島架道橋の架け替えに伴うもので、この時は中央本線上り線を仮線として使用している。

中央本線複線化に伴う乗越橋仮線運行

中日球場前駅南側で東海道本線を走る3400系。下を走るのが単線時代の中央本線。
1959.11　Si

同地点の5500系。下り線は11月17日から切り替えられた。
1959.11　Si

切替前の上り線を走る5200系。上り線は少し遅れて12月1日から切り替えられた。左側は東海道本線の仮線。1959.11　Si

市道江川線の拡幅で架道橋架け替えに伴う仮線運行

中央本線の堀川橋梁を渡る7000系。
1962.8　Km

上り線を走る5000系の岐阜行急行。
1963.8　Si

東海道本線から名鉄線を使った仮線への移行部分。中央本線上り線、名鉄名古屋本線上下線、東海道本線上下線の5つの橋梁を順次仮線に切り替え、工事を行ったことから、東海道本線の列車が名鉄線を走行した。
1963.8　Si

1995（平成7）年3月16日に東海道本線に尾頭橋駅が開業した付近を走る7700系2連の西尾行特急。東海道本線には211系が併走する。名古屋駅周辺の高層ビルは、まだ数が少ない。1989.11.2　Ha

ナゴヤ球場の東を走る3600系＋3800系＋7300系のAL車8連の884列車。中央本線には113系、東海道本線には153系が走る。
1979.9.5　Ha

現在は東海道本線に尾頭橋駅が開設された笹島架道橋西側を走るク6022ほか6000系4連。東海道本線を走るのは、名古屋の鉄道開業から100周年になることを記念して運転された蒸機列車の「ＳＬ一世紀号」。機関車は梅小路から借りたC56160を使い、12系客車5両を牽引した。1986.5.4　Ha

山王駅（山王→中日球場前→ナゴヤ球場前→山王）

東西連絡線の建設により、1944（昭和19）年9月1日に山王として開業。隣接地に1948（昭和23）年に竣工した中日スタヂアム（通称・中日球場）があることから、1956（昭和31）年9月12日に中日球場前に改称。1975（昭和50）年10月に球場運営会社として地元大手企業の出資で「株式会社ナゴヤ球場」が設立され、球場名が変更されたことを受けて、駅名も1976（昭和51）年1月1日にナゴヤ球場前に改称された。

1983（昭和58）年に3月6日に駅舎が改築され、1987（昭和62）年7月1日にJR東海が東海道本線貨物支線（通称・名古屋港線）に臨時駅のナゴヤ球場正門前駅を開設したことを受けて、1988（昭和63）年4月8日に球場に近い南口グラウンドゲートが開設されたが現在は使用されていない。

1997（平成9）年にナゴヤドームが完成すると、ナゴヤ球場は中日ドラゴンズの二軍用となり、公式戦の開催がなくなったことから、2005（平成17）年1月29日に駅名が山王に戻されている。2004（平成16）年9月の駅集中管理システム導入に伴い無人化された。

ナゴヤ球場前付近を走る7000系。渡っているのは中川運河東支線で、東側（写真では左側）には堀川をつなぐ松重閘門がある。
1983.7　Ha

中日球場前を通過する3400系の豊橋行急行(右)。
1958.6 Si

ナゴヤ球場で公式戦が開催されるときには優等列車が臨時停車した。1981(昭和56)年3月29日には、中日ドラゴンズで活躍し、華麗かつ堅実な守備でプロ野球史上最高の二塁手と称された高木守道選手の引退試合に際し運転された「サヨナラもりみち号」が停車している。1981.3.29 Ha

1967(昭和42)年8月の中日球場前駅舎。Kr

中日球場前時代の駅名標。Kr

山王の南を走るク2047ほかのHL車4連。ク2040形は愛知電気鉄道が岡崎への延長に備えて1922（大正11）年に製造した木造車の電5形で、1927（昭和2）年のデハ1040形、1941（昭和16）年のモ1040形への改番を経て、戦後の1948（昭和23）年にク1040形として1500Vの制御車となり、1952（昭和27）年にク2040形となった。1959（昭和34）年から始まった木造車の鋼体化の種車となったほか、瀬戸線、揖斐線など、600V線区でも活躍した。1955.6　Si

同地点を走る3600系ほかのAL車6連の新岐阜行特急。モ3600形はモ3350形として1941（昭和16）年に登場したクロスシート車で、滑らかな加速をするPB-2Aという電空油圧カム軸式多段制御器を採用した戦前の最優秀車である。戦後、1952（昭和27）年に形式がモ3600形に変更され、同時にク2050形であった制御車もク2600形となった。戦後の観光需要の高まりと共に、600V線区であった西尾・蒲郡線や広見・八百津線に直通するため、転換クロスシートを残していた本形式が選定され、1955～56（昭和30～31）年に電圧転換装置を載せて複電圧車に改造された。同時に塗装もダークグリーンから、当時の優等車の塗色であったサーモンピンクとマルーンに変更されている。窓隅上部にRのある優美なスタイルや流線形の3400系の後継として製造された経緯から「名鉄の半流」と呼ばれたが、写真のモ3602編成など3本は1963（昭和38）年以降に実施された重整備工事で運転台の高運転台化や外板張替により窓隅上部のRが失われている。1955.7　Si

同地点を走る緑塗装時代の3550系。濃い緑の塗色はロングシートのAL車に塗られていた。3550系は戦時下の輸送力増強に対応するため、モ3550形、ク2550形として21両が製造された3扉ロングシート車で、戦況の悪化により未電装で一部車両が出場し、戦後になって電装されている。ク2554-モ3554＋ク2314-モ804　1976.6.22　Ha

7000系4連が2本連結した8連で走る821レ。7000系4連の連結化改造は1973（昭和48）年に行われたが、当初は先頭車に名鉄式自動解結装置は取り付けられていなかった。1976.6.22　Ha

ナゴヤ球場前（現・山王）～新名古屋（現・名鉄名古屋）間

ナゴヤ球場前から新名古屋方面を望む。日本生命笹島ビルをバックに豊橋に向かう7500系の高速と6000系普通電車。
1986.11.22　Ha

下広井町交差点東に1974（昭和49）年に竣工した住友生命名古屋ビルは、中部地方で初めて高さ100mを越える高層ビルで、1989（平成元）年にヒルトン名古屋が竣工するまでは、愛知県で一番高いビルだった。東海道本線での快速用車両117系の運行に対抗するため、1982〜83（昭和57〜58）年に特急専用車として改装・整備され、白帯を巻いた7000系がすれ違う。1986.11.22　Ha

6500系は3扉通勤車である6000系の後継車として、1984（昭和59）年から1992（平成4）年にかけて界磁チョッパ制御を採用して、8次にわたり4連のみ24本が製造された。前面の窓下部にステンレスの飾りがあることなどから「鉄仮面」の俗称があるが、6次車の6518編成から車体は大幅にモデルチェンジが行われている。当初、前面窓上は明るいグレーで塗装されていた。1986.11.22　Ha

市道広井町線（現・名駅通）沿いの高架線で行き違う7000系8連と7500系6連。東海道本線には武豊線に直通するキハ35系、中央本線には103系が走り、東海道新幹線には0系が健在である。この区間は元東海道本線の線路敷で、1937（昭和12）年の名古屋駅移転・高架化に伴い移設された跡に1944（昭和19）年に名鉄の東西連絡線が建設された。7000系先頭車の下に写る踏切地蔵が、ここに線路があったことの証として残っている。1981.5.30　Ha

名古屋市電六反小学校前で並ぶ名古屋市電2000型2003と7000系。1972.2.12　Ha

同地点を付近を走るモ809＋モ810＋3850系＋3800系の鳴海行普通。1972.1.16　Ha

中日球場前と新名古屋の間で
市道広井町線を走る名古屋市
電2000型 と800系 モ801-
ク2311の準急。
1972.1.16　Ha

同地点の7000系7038編成。
試験中の自動標板が取り付けら
れている。市道広井町線には道
路上に不法占拠の建物が並んで
いて、戦後の面影を残している。
1972.1.16　Ha

六反交差点を曲がる30号
系統堀田駅前行2000型
2014と3900系4連。
1972.1.22　Ha

新名古屋駅の地下隧道をでてきた7000系特急改装車（白帯車）と到着する7500系。東海道新幹線では0系が名古屋駅に到着し、在来線には117系とキハ58系が停車している。手前の線路は、1986（昭和61）年11月1日に廃止された笹島貨物駅。近鉄は米野車庫電留線に11400系が停車し、2610系が近鉄名古屋駅地下線に到着する。1983.7　Ha

新名古屋駅を出発して平野橋にかかる5200系の急行。5200系は名鉄初のカルダン駆動車である5000系を元に車体形状を変更し2両組成6本が製造され、前面は貫通扉付で車体断面も直線的な形状となった。1964（昭和39）年には5000系の中間車である5150形2両を組み込み4両組成化された。側窓は一段下降式であったが、雨水による腐食が激しく、1978（昭和53）年からの重整備で2段ユニット窓化されている。非冷房であったことから1986〜87（昭和61〜62）年に廃車となり、主要機器は5300系に再利用され、車体は豊橋鉄道に譲渡された。1983.5　Ha

笹島貨物駅への入り口があった平野橋を渡る7000系特急改装車（白帯車）。東西連絡線の開業時には、資材不足から木橋で建設されていた。1983.5　Ha

新名古屋駅の地下隧道を抜けてきた7000系の内海行急行。名鉄バスセンターの誘導路とメルサにあった映画館の名鉄東宝の看板をバックにここで撮影されたパノラマカーの姿は、躍進する名鉄の象徴として多くの印刷物に使用された。
1981.7　Ha

名鉄バスターミナルビルが建設される以前の同地点を走る3850系4連の豊橋行急行。3850系はユニットスイッチ式ABFM-154の制御器で、電気制動を常用していたことから、1964（昭和39）年から制御器をカム軸式に改造するまで、他のAL車と連結はできなかった。
1955年頃　Km

新名古屋駅の地下隧道をでる7000系。1962（昭和37）年には、名鉄百貨店や住友銀行ビル、豊田・毎日ビルなど名古屋駅前の主要なビル群はすでに建ち並んでいた。1962.11　Si

新名古屋駅の隧道出口の5500系岐阜行特急とモ805ほかの神宮前行準急。
1960.7　Si

1962（昭和37）年の現在の名鉄バスセンター誘導路の入り口付近。
1962.11　Si

新名古屋（現・名鉄名古屋）駅

　名古屋市電を分離して郊外への郡部線だけの運営となった名古屋鉄道（初代）の起点であった押切町は、市電沿線にあったターミナルの柳橋との接続駅で、狭隘な場所にホームが並び、拡張の余地は限られていた。初代名古屋鉄道では名古屋駅前への延伸を目論み、1922（大正11）年8月19日に笹島への電気鉄道敷設免許を得ている。国鉄名古屋駅の移転・高架化が具体化する中で、1927（昭和2）年6月28日に西枇杷島で分岐して複々線で名古屋駅前に乗り入れる計画を立てるが、工事費削減のため、1932（昭和7）年11月24日には複線に変更の認可を得ている。名古屋財界では、国鉄名古屋駅の高架化にあわせ、名岐鉄道、愛知電気鉄道、伊勢電気鉄道、瀬戸電気鉄道の合同ターミナル構想を打ち出しており、名岐鉄道と愛知電気鉄道の合併による名古屋鉄道（2代目）誕生につながっていく。

　1935（昭和10）年に名古屋鉄道（2代目）が誕生すると、分かれていた神宮前との間の路線建設は喫緊の課題となった。こうした中、1937（昭和12）年2月1日に国鉄名古屋駅が高架化して移転すると、建設費捻出のため、旧駅の跡地や駅前の土地が売却されることになった。名古屋

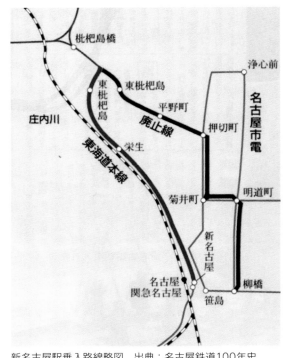

新名古屋駅乗入路線略図。出典：名古屋鉄道100年史

名鉄名古屋駅に到着するパノラマカーの定期最終運行列車。2008.12.26　7041編成　Ha

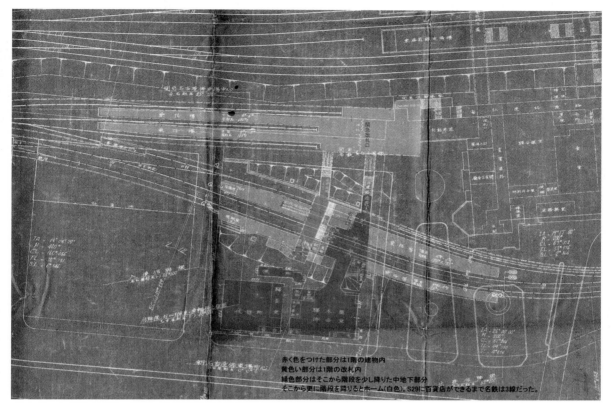

赤く色をつけた部分は1階の建物内
黄色い部分は1階の改札内
緑色部分はそこから階段を少し降りた中地下部分
そこから更に階段を降りるとホーム（白色）。S29に百貨店ができるまで名鉄は3線だった。

1941（昭和16）年8月に開業した新名古屋駅の図面。3線のうち1線は団体用の計画であったという。

鉄道では鉄道省を経由して国鉄名古屋鉄道局長や監督局技術課長を受け入れ、国鉄や名古屋駅前進出を考えていた関西急行電鉄（親会社は大阪電気軌道、現・近畿日本鉄道）との調整を行い、同年9月に駅前の土地を入手して建設が具体化した。

こうして1941（昭和16）年8月12日に1.4kmの新名古屋地下隧道を含む新名古屋〜枇杷島橋間3.3ｋｍが開通し、新名古屋駅が開業。押切町〜枇杷島橋間は廃止された。新名古屋駅のホームは2面3線で、到着ホームと乗車ホームが分離していた。新名古屋地下隧道の出口から栄生までは、高架化された東海道本線の旧線跡を使用した。1944（昭和19）年9月1日には東西連絡線5.8kmが開通し、神宮前まで路線がつながった。こちらも山王までは東海道本線の旧線跡が使用された。しかし、金山橋を境に架線電圧が東部線は1500V、西部線は600Vと異なり、直通運転はできなかった。1948（昭和23）年5月12日に西部線は1500Vに昇圧し、16日から直通運転が開始された。

1950年に竣工した新駅舎。屋根上に「豊橋・岐阜　特急」「大阪・山田　特急」の文字が書かれ、共同使用駅であることがわかる。

新名古屋駅が入る名鉄ビル。第1期工事は地上4階地下3階で1954（昭和29）年11月30日に完成し、11月25日に新駅舎の使用を開始。12月1日に名鉄百貨店が開店した。1957年7月27日に地上10階に増築された。1967頃　Kr

駅舎は1945（昭和20）年3月12日に空襲で一部焼失、1946（昭和21）年12月12日に漏電で全焼した後、1948（昭和23）年12月1日に復旧し、1950（昭和25）年4月1日に新駅舎が完成した。新名古屋駅用地の名鉄への売却にあたり、駅舎を競願相手だった関西急行電鉄（現・近畿日本鉄道）との共同使用駅とする条件があり、新駅舎の屋根上には豊橋・岐阜特急とあわせて大阪・山田特急の案内がある。また新名古屋駅と、当時、軌間が1067mmで名鉄と同じだった近畿日本名古屋駅との間には連絡線の用地があり、これを連絡することで1950（昭和25）年8月26日から団体列車を中心に直通列車が運転された。

しかし、駅上部に名鉄百貨店を含む名鉄ビルが建設されることになり、1952（昭和27）年12月20日で連絡線の使用を停止。また、ホームも現在の3面2線とし、西側近鉄寄りにホームを新設して乗降を分離し、ホーム面積を3倍に拡幅して、1954（昭和29）年11月25日に新駅舎が完成。12月1日には地上4階、地下1階の名鉄百貨店が開店した。同店の入る名鉄ビルは、1957（昭和32）年7月27日に地上10階に増築されている。

1967（昭和42）年6月1日には名鉄バスセンターと商業施設のメルサがはいった名鉄バスターミナルビルが開業。同日に名古屋近鉄ビルも完成し、共同駅として行っていた近畿日本名古屋駅（現・近鉄名古屋駅）の出改札業務はその前日に終了している。同年9月1日には上りホームにメルサ改札が設けられた。

1969（昭和44）年9月1日にはホーム拡幅及び西・南改札口の使用を開始。1975（昭和50）年9月1日には上下ホームの新岐阜方を延長し、ホーム長は1番線189m、2.3番線194mとなり、列車の停車位置が前後に分散された。1976（昭和51）年11月20日には北口が新設されている。

1987（昭和62）年3月23日には全面改装工事が竣工し、柱は結晶ガラス、壁はホーロー鉄板、天井はアルミ材、床はベージュ色のタイルとなり、照明の強化もあって明るい内装となった。あわせて中央口に自動改集札機約40台が設置された。1990（平成2）年10月29日には液晶表示の停車位置案内表示器が設置された。

中部国際空港開港を控え、2004（平成16）年12月21日に駅改良工事が竣工すると共に、1981（昭和56）年に閉鎖された西口が再開された。2005（平成17）年1月29日には駅名が「名鉄名古屋」に変更されている。

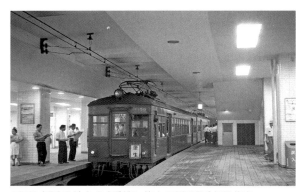

1955（昭和30）年の2番線に停まる3350系各駅停車。1955.7　Si

左とほぼ同一地点の7000系。停車中の列車は「夜ざくら」号岐阜行。1981.4.4　Ha

3番線に停車する豊川稲荷行準急の3400系。1956.3　Si

3番線に停車する3800系の内海行急行。1981.4.4　Ha

新名古屋駅の荷扱い作業。
1963.7　Si

1981（昭和56）年6月
の2.3番線の豊橋方。
Ha

新名古屋駅を発車するキハ
8000系気動車の特急「北
アルプス」。犬山線を経て
高山本線に直通で運転され
た。一時、途絶えた富山へ
の直通運転が1985（昭和
60）年3月14日のダイヤ改
正で復活したことから、記
念の祝賀マークが取り付け
られている。
1985.3.14　Ha

―国鉄名古屋駅移転高架化を契機とした名古屋駅前の発展―

1. はじめに

　名古屋都市圏の鉄道を東京・大阪都市圏と比べると、地下鉄の整備が進められる以前の鉄道は、路線形態から都市間の輸送が主体で、しかも旧国鉄路線は普通列車の運行本数も少なく、都市内輸送が限られていることが特徴であった。その結果、戦前から昭和30年代にかけ、都市内の輸送需要は路面電車が担った。このため本稿では、地下鉄を除く現在の鉄道路線網がほぼ完成する第二次大戦終了時までの鉄道整備の推移を、路面電車を交えて考察する。

2. 官設鉄道の建設

　名古屋の鉄道の歴史は、1886（明治19）年の中山道幹線鉄道の開業に始まる。明治政府は東西両京を結ぶ幹線鉄道を建設するにあたり、経路を旧中山道の街道沿いに決め、その建設資材を輸送するため、武豊港から支線の半田線（武豊線）を建設することにした。中山道幹線鉄道は、

当初、名古屋を経由せず、加納（岐阜）から木曽川沿いに中津川を結ぶ計画であったが、工事期間の短縮などを目的に半田線を本線にして活かすことにして、1884（明治17）年1月までに名古屋を経由する経路に変更される。翌年8月に半田線の建設が始まり1886（明治19）年3月に武豊～熱田間が開業、4月には名古屋北部の清洲に延伸され、清洲は中山道幹線鉄道の駅として位置づけられた。当初、名護屋と記された名古屋駅の開業は清洲への路線開業から1ヶ月遅れた5月1日で、周辺が低湿地で施設の建設が遅れたためという。中山道幹線鉄道が海岸沿いの東海道鉄道に変更されるのは同年7月で、それから3年後の1889（明治22）年7月1日に現在の東海道線が全通した。

　当初、名古屋を経由しなかった中山道幹線鉄道の東海道筋への変更と現在地への名古屋駅設置を進めたのは、当時の名古屋区長であった吉田禄在とされる。この功績から吉田禄在は名古屋発展の恩人と言われるが、史実をみる限り、誘致運動には関わっていないようだ。ただ、名古屋駅と旧城下町を結ぶ幹線道路として、寄付を集め、旧

旧名古屋駅が記された名古屋市内図（部分）。星野松次郎　明治43年1月20日　所蔵：ls

笹島交差点北にあった旧名古屋駅と路面電車（38形51）。大正初期　所蔵：Ha

城下町随一の道路であった広小路通の駅への延伸部分を整備したのは吉田の功績である。

　海岸沿いに東海道線が開業すると、国防上から中山道を経由する鉄道の建設が求められ、1892（明治25）年の鉄道敷設法で中央線の建設が明記された。名古屋周辺の経路は、名古屋城の北を通り勝川に抜ける城北線と、現在の中央本線の経路である城東線の2つが検討されたが、東海道線が支障したときの関西方面への運行を考慮し、翌年2月に現在の経路で決定した。路線は1900（明治33）年7月に熱田台地を避け、台地上に位置する藩政時代からの旧市街を取り巻くような半円形の路線として開業し、市は用地を寄付して千種駅の設置を国に請願した。駅の開設にあわせ広小路通は東に延伸され、名古屋駅と千種駅を結び東西の幹線軸となり、栄町を中心に沿道には銀行や商店が立ち並んで名古屋随一の繁華街となった。

　官設鉄道の路線建設は、現在の関西本線が1895（明治28）年5月に関西鉄道により名古屋～前ケ須（現在の弥富）間で開業し、1907年（明治40年）に国有化されることで終了し、その後、現在に至るまで大きな変更はない。

3. 路面電車の開業

　鉄道の開業に続き、市制が敷かれる1889（明治22）年頃に、名古屋にも馬車鉄道の敷設が計画される。最初の計画は1888（明治21）年で、それを合同・吸収して1894（明治27）年6月に愛知馬車鉄道が設立された。しかし、日清

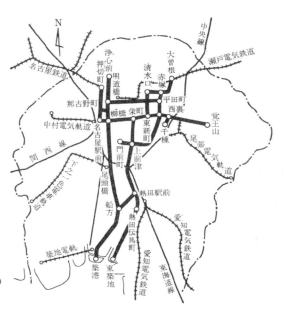

路面電車が市営化した1921（大正10）年頃の
名古屋周辺の鉄道路線図。
（太線は名古屋市電）

戦争の勃発に加え、尾張藩御用商人ゆかりの保守的な名古屋商人が馬車鉄道に関心を示さなかったことから出資は滞り、わが国初の路面電車を運行した京都電気鉄道に協力を求め、馬車鉄道を電気鉄道に変更し、1898（明治31）年5月に2番目の路面電車として開業した。路線は名古屋駅前の笹島と中心部の県庁前（栄町）の間で、広小路通に軌道が敷設された。

路面電車を運行する名古屋電気鉄道では、市の道路改良工事と提携し、建設費を負担することで路線建設を進めた。1903（明治36）年に開業した中央線千種駅への路線延伸では5千円、1908（明治41）年に開業した熱田線では総工費の1/3を負担している。

1910（明治43）年に鶴舞公園で開催された「第10回関西府県連合共進会」にあわせ、名古屋電気鉄道では路線を延伸し、車両も50両を一気に増備した。反面、経営が軌道に乗り、好成績をあげるようになると市営化論が台頭した。このため、市と報償契約を結び、決算期に純利益の一部を市に納付するとともに、25年後の買収にも応じた。この契約で市内への参入を目論む他の電気鉄道の計画を阻止し、独占権を確保したが、運賃の割高感から利用者の不満が高まると、再び市営化論が台頭した。こうして1921（大正10）年に市との間に譲渡契約が結ばれ、同年6月に郊外の鉄道事業を受け継ぐ名古屋鉄道（初代）が設立され、翌年8月に路面電車事業は名古屋市電気局に引き継がれた。路線の延伸により、以後、市内の交通需要は路面電車が一手に担った。

名古屋電気鉄道の成功は、路面電車的な電気鉄道の建設を促した。1902（明治35）年に瀬戸の陶磁器やその材料の運搬を目的に設立された瀬戸自動鉄道は、1906（明治39）年に瀬戸電気鉄道と改称して動力を電気に変更。名古屋城の外堀を利用して中心部に乗り入れるという奇策で堀川の舟運と連絡した。また、名古屋電気鉄道の外縁部から郊外に向け、熱田電気軌道、尾張電気軌道、名古屋土地、下之一色電車軌道、築地電軌の小電鉄が敷設された。瀬戸電気鉄道は、1939（昭和14）年に名古屋鉄道に合併して瀬戸線となり、大曽根で中央線と連絡して、その駅前には商店街が広がり、名古屋北部の拠点となった。それ以外の路線は1937（昭和12）年までに名古屋市電に包含された。

4. 郊外鉄道の開業

地方鉄道の建設を推進するため、1910（明治43）年に軽便鉄道法が公布され、さらに翌年に敷設推進のため、収益を補償する軽便鉄道補助法が公布されると、各地で軽便鉄道の敷設が進められた。この頃、名古屋電気鉄道の実権は名古屋財界の実力者に移り、路面電車事業の市営化を見込み、共進会で得た利益を元に郊外路線の建設を進めた。こうして郡部線として、1912（大正元）年8月に一宮線と犬山線、1914（大正3）年には津島線が開業した。

名古屋電気鉄道では、米国のインターアーバンを模した運行をおこなった。すなわち、路面電車と郊外電車の直通運転で、郡部線の起点は押切町であったが、市内線の柳橋にターミナルを設け、車両は郊外線から市内線に直通した。郊外線だけとなった名古屋電気鉄道は名古屋鉄道（初代）と社名を変更し、名古屋北部に路線を延ばした。これら路線が高速の都市間電車に脱皮するのは、1930（昭和5）年に岐阜を拠点とする美濃電気軌道と合併し、木曽川橋梁の建設で名古屋（押切町）〜岐阜間の直通運転を始める1935（昭和10）年を待たねばならない。

一方、名古屋南部では、1909（明治42）年に設立された愛知電気鉄道（設立時は知多電車軌道）が省線の熱田駅に隣接する神宮前を起点に、1912（明治45）年に知多半島の大野（翌年常滑に延伸）、1917（大正6）年に現在の名古屋本線の一部となる有松裏への路線を開業した。愛知電気鉄道では、開業後に高額の建設費が理由で経営危機に瀕し、1914（大正3）年に木曽川の電源開発を行い、電力王として名を馳せることになる名古屋電燈の福澤桃介が社長に就任する。福澤は1917（大正6）年に社長を辞任するが、相談役として経営に関与し、安田財閥の支援を得て東京と大阪を結ぶ電気鉄道として創立した東海道電気鉄道と愛知電気鉄道を合併させ、豊橋への路線建設を進めた。知立以東の路線は東海道電気鉄道の設計を利用した直線区間の多い優れた線形で、加えて最新の技術を積極的に導入した。こうして1923（大正12）年には岡崎、1927（昭和2）年には吉田（豊橋）までの路線が全通。表定速度は59km/hと国内随一の高速運転を実現した。

名古屋鉄道（初代、昭和5年から名岐鉄道）と愛知電気鉄道は1935（昭和10）年に合併し、名古屋鉄道となった。

5. 民営鉄道による観光と住宅開発

名古屋鉄道の沿線は農村地帯で人口密度は低く、交通需要も乏しかった。このため、1925（大正14）年に今渡、1926（大正15）年に木曽川を越えて鵜沼への路線が開業し、木曽川の景観が日本ラインと命名され観光地として人気が高まるのにあわせ、犬山周辺の観光地化を進めた。

一方、愛知電気鉄道は都市間電車として名古屋と三河地区を結んでいたが、莫大な投資と昭和初期の不況で経営が悪化した。このため1925（大正14）年から関西の民鉄に倣って鳴海や知多半島の新舞子で住宅開発を進めるとともに、鳴海には1927（昭和2）年に甲子園球場を上回る規模の愛電球場も開設した。新舞子では、住宅購入者に3年間有効の無償乗車証を発行して、購入を促した。

鉄道沿線の住宅開発は、市電路線の外縁部で開業した小規模な路面電車の沿線でも進められた。名古屋土地は名古屋駅西側の開発事業を行うため設立された不動産会社の軌道部門で、1913年（大正2年）に名古屋駅から西側へ路線を建設して開業した。1926年（大正15年）に分社化して中村電気軌道となった。

1908（明治41）年に開業した馬車鉄道を電化し、1912（明治45）年に運行を始めた尾張電気軌道も、東部の丘

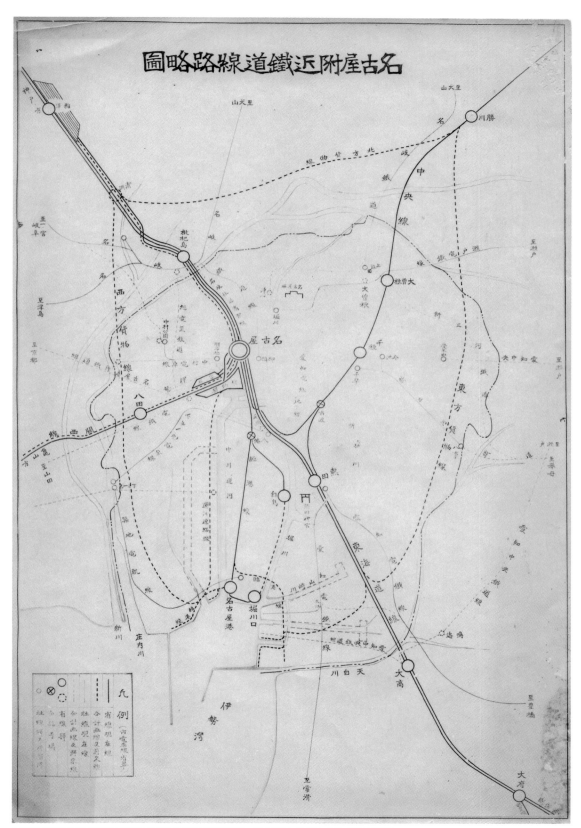

名古屋附近鐵道線路略圖

1935（昭和10）年頃の名古屋周辺の鉄道線路図。計画線も含まれていて興味深い。

高架化前の旧名古屋駅。ホームは完成し、駅ビルが工事中である。提供：名古屋市

東海道本線の旧線は名古屋駅本屋前に線路があった。この旧線の地下に名鉄の新名古屋駅乗り入れ線が建設された。

陵地帯で沿線開発と観光地の整備を進めた。終点の八事は江戸時代からの景勝地であったことから遊園地を開設し、1924（大正13）年には野球場も建設した。大正から昭和初期にかけては耕地整理事業と連携して山林を開発し住宅地化を進めた。木立が多いことから林間都市（林間住宅）と銘打って売り出された広い敷地の住宅地は、名古屋の近代都市計画の成果とも評された。また、1915（大正4）年に八事に市営墓地が建設されると墓地の入口まで路線を延伸し、霊柩電車まで運転した。土地収益で好成績をあげた尾張電気軌道は、1928（昭和3）年に好調な不動産事業に注力するため、運輸事業を分離して新三河鉄道に譲渡している。

6. 名古屋駅高架化と 民鉄の名古屋駅乗り入れ

　1886（明治19）年に開業した名古屋駅は、旅客と貨物を扱うことに加え、旅客ホームも2面5線と限られ、輸送量の増加に対応できなくなっていた。このため、旅客、貨物、客車操車場、貨車操車場の機能をわけた抜本的改良が計画され、1920（大正9）年に名古屋駅を高架、移転する改良計画が決定した。そして、1925（大正14）年に稲沢に操車場、1929（昭和4）年に笹島に貨物駅が竣工、1935（昭和10）年には米野に客車操車場と機関区を移転した。

　東海道本線、中央本線の高架化は、北は庄内川、南は堀川の間、約4kmの区間で行われ、既存線の西側に盛土で高架線を建設した。路線切替と名古屋駅の移転は1937（昭和12）年2月1日に行われ、中央コンコースを東西自由通路とした構造は斬新で、鉄筋鉄骨コンクリート造で地上5階（一部6階）の駅本屋は東洋一といわれた。

　移転費用捻出のため、旧名古屋駅敷地と旧線跡地の広大な土地が鉄道省により売却された。現在の名鉄百貨店の場所、約2千700坪は、名古屋鉄道と経営破綻した伊勢電気鉄道を引き継ぎ、関西資本で1936（昭和11）年に設立された関西急行電鉄（現・近畿日本鉄道）の競願となったが、関西急行電鉄が共同駅開設を条件に降りて名古屋鉄道が入手した。名古屋市は道路用地として1万2千坪を購入し、残地2千坪を3社1個人に売却した。これら土地の多くは大阪毎日新聞と豊田利三郎が入手し、戦後になって毎日ビル、豊田ビルの建設を経て、現在はミッドランドスクエアとなっている。また、名鉄百貨店と笹島の間の土地も、戦中から戦後にかけて名鉄、近鉄、大阪朝日新聞、大阪銀行（住友銀行）に売却され、現在は名鉄と近鉄系の商業施設となっている。

　高架化に伴い、線路によって分断していた駅東側と駅西側を結ぶ交通も整備された。鉄道を越す人道橋の西を起点とした中村電気軌道は、民営交通機関統合により1936（昭和11）年に名古屋市に事業譲渡され、鉄道高架にあわせ改良されて市電路線に接続した。

　周辺都市を結ぶ民営鉄道も名古屋駅前への乗り入れを具体化した。最初に開業したのは関西急行電鉄で、1938（昭和13）年に駅東南に地下駅を建設し、伊勢に直通急行を運転するとともに、参宮急行電鉄（現・近畿日本鉄道）を通じて大阪上本町行急行に連絡した。

　押切町を郊外線の起点としていた名古屋鉄道は、1922（大正11）年に笹島への免許を得てさまざまな計画がつくられた後、高架化後の線路跡地の払い下げを受け、既存路線との接続部分は高架、名古屋駅前を地下として1941（昭和16）年8月に枇杷島橋〜新名古屋間を開業。関西急行電鉄との共同駅である新名古屋駅を開設した。これに伴い柳橋駅や押切町駅は廃止された。

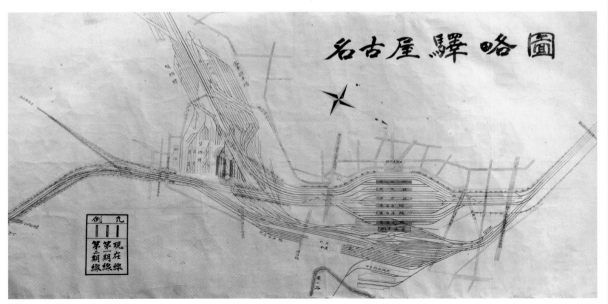

名古屋駅高架化への切替図

7. 戦時下の路線整備

　名古屋駅が移転高架化した1937（昭和12）年は、市南部で名古屋汎太平洋平和博覧会が開催されるとともに、市東部に東山動物園が開園し、あわせて市電の路線も延伸されて、名古屋にとって飛躍の年でもあった。しかし、同年7月に日中戦争が勃発し、翌年国家総動員法が公布されると一気に戦時色が強まった。航空機を製造する三菱重工業の工場などがある南部の臨港地帯は軍需産業の一大拠点となり、通勤者の増加により輸送需要が大幅に高まった。これに対し、臨港地帯を結ぶ鉄道路線は神宮前を起点とする名鉄の常滑線だけであり、輸送の多くを名古屋市電が受け持つことになった。

　輸送力を高めるため、名古屋市電では1941（昭和16）年に路面電車としてはわが国初の連接車を導入した。路線の延伸も進められ、同年に堀川沿いにあった東築地への路線を道路上に切り替え、名古屋市東部の環状線上を運行していた路線も順次、南に延伸し、両線とも1944（昭和19）年までに工場地帯の中心である大江に達した。また、国鉄も1943（昭和18）年に東海道本線に笠寺駅を開設している。

　神宮前を起点とする旧愛知電鉄路線の新名古屋への延伸も喫緊の課題となった。神宮前から都心部への延伸は、大正末期から国鉄熱田駅西側にあった運河を埋め立て、東海道本線西側に沿って金山方面への延伸が計画されていた。1935（昭和10）年の合併により名古屋鉄道が誕生すると、両社の路線を結ぶ東西連絡線の建設が具体化し、軍需輸送の必要性もあって1942（昭和17）年に建設が始められた。その路線は熱田付近では陸軍工廠の用地を借用し、熱田台地を横切る金山から山王の間は中央本線を北に移設して東海道本線との間に割り込み、山王から北側は東海道本線の廃線跡を利用した。軍用地の転用や国鉄線の移設は戦時下の緊急工事だから可能だったといえる。現在、総合駅のある金山には初めて駅が設けられ、その後、名古屋南部への結節点となっていく。こうして分離していた名古屋鉄道の路線は1944（昭和19）年9月に結ばれ、一本化された。

　1931（昭和6）年に開業し、市街地北の上飯田が起点だった尾北・城北鉄道ゆかりの城北線（現在の小牧線）は、計画していた瀬戸線大曽根への延伸が具体化できないままであったが、1944（昭和19）年に名古屋市電の路線が延伸されたことで、ようやく都心部へ鉄道でつながった。

　1938（昭和13）年に公布された陸上交通事業調整法は、事業者の統合も促した。1939（昭和14）年に瀬戸電気鉄道、1941（昭和16）年に三河鉄道が名古屋鉄道に合併。その前後に知多、碧海、渥美（戦後に分離）、谷汲、東美、竹鼻という傘下の中小民鉄を統合することで、名古屋鉄道の路線網が完成した。

名鉄バスターミナルビル着工前の昭和40年頃の笹島周辺。

8. 交通結節点となった名古屋駅

このように移転高架化した国鉄名古屋駅には民営鉄道駅も併設され、現在に至る名古屋最大の交通結節点となった。これには民営鉄道各社がそれぞれに名古屋駅乗り入れをめざしていたことに加え、名古屋駅の改築と都市計画の具体化を踏まえ、1932（昭和7）年に名古屋財界の主導で名古屋駅に瀬戸電気鉄道を加えたターミナルを造る構想や、それにあわせて民鉄を合同し、名古屋を中心とした交通調整を進めようとした背景があった。名古屋駅高架化後には鉄道省が乗り入れ用地を名鉄と関西急行電鉄に分譲するとともに、その調整には民鉄が鉄道省から受け入れた人材があたり、戦時下で輸送力の強化が求められていたことが路線網の整備に大きく寄与した。

このように国鉄名古屋駅の移転・高架化と戦争が名古屋の交通網形成に大きく影響して、名古屋駅前発展の礎ともなった。これらが無ければ、高層ビルが林立する名古屋駅前の風景は、現在と変わったものになっていたかもしれない。市内の輸送需要をほぼ一手に担っていた名古屋市電も半数の系統が名古屋駅前を起点とし、そこから市内随所に運行した。1957（昭和32）年には、我が国3番目の地下鉄が名古屋と栄町間で開業している。

大曽根で中央本線に接続した名鉄瀬戸線を除き、各鉄道の路線が集まった名古屋駅は、実質的に名古屋唯一無二の交通結節点といえた。1968（昭和43）年の「名古屋市将来計画・基本計画」では、地下鉄と鉄道が接続する金山、大曽根、上小田井、八田を総合駅として拠点化することを打ち出していたが、大曽根の拠点機能は瀬戸線の栄町乗り入れに伴い衰退し、計画通りとなったのは世界デザイン博覧会にあわせ、1989（平成元）年に開業した金山だけであった。

<参考文献>
1）東海地方の鉄道敷設史Ⅰ,Ⅱ,Ⅲ　平成14年／井戸田　弘
2）名古屋鉄道100年史　平成6年／名古屋鉄道　　3）国鉄名古屋駅100年史　平成8年
4）鉄道免許名古屋鉄道18　昭和12年／国立公文書館
5）「戦前における名古屋駅改良工事と三私鉄の名古屋駅前乗り入れ1、2」　鉄道ピクトリアル　No.905、906　平成27年／松永直幸
＊本稿は、日本都市計画学会機関誌「都市計画」346号（2020年9月発刊・特集「鉄道と都市が相互に与える影響」）に掲載した論考である。

1983（昭和58）年7月の国鉄名古屋駅周辺。Ha

栄生駅

1941（昭和16）年8月12日の新名古屋への開通にあわせて開業。北側には電留線があり、新名古屋駅を補完する機能を有する。ホームは島式で、駅舎は1957（昭和32）年8月25日に改築。1989（平成元）年の2号館完成に合わせ北側の名鉄病院側改札が改良され、さらに1996（平成8）年12月17日に駅舎改築を含む全面的な改装が行われてホームが6両から8両に延伸された。2016（平成28）年4月10日にはホーム嵩上げや待合室のリニューアルが行われている。

2005（平成17）年1月29日のダイヤ改正で急行停車駅となり、すべての急行が停車するようになった。

1957（昭和32）年に改築された2代目駅舎。1967.8.17　Kr

新名古屋地下隧道をでて、栄生に向かう3900系の津島線方面への急行。3900系はモ3500形の機器を転用して1952（昭和27）年に製造されたセミクロスシートの優等車両。当初、2両組成だったが、翌年、中間車を増備して4両組成となった。
1976.9.2　Ha

6両ホーム時代の栄生駅。階段部分が改築され、1996（平成8）年にホームが8両に延伸された。1976.9.2　Ha

名古屋駅の高層ビル群をバックに栄生に近づく7000系誕生48周年のイベント列車。定期運用廃止後に2009（平成21）年8月の廃車まで、7011編成はイベント列車に使用された。
2009.6.6　Ha

EF60牽引の貨物列車と併走しながら栄生を通過する7500系の特急「うつみ」。電留線の脇には現場の詰所があり、その奥には名鉄体育館が見える。1981.3.23

上と同じ場所を走る8800系パノラマDX。電留線の脇にあった現場の詰所はなくなり、名鉄病院の2号館が建設された。電留線に停まっている車両は7000系から1000系パノラマスーパーに変わっている。1993.10.17　Ha

電留線に停まるのは7000系特急改装車（白帯車）の6連「團十郎号」。組成はモ7001-モ7152-モ7053-モ7154-モ7051-モ7002。第十二代市川團十郎が犬山の成田山で襲名披露を行うに際して歌舞伎ファン向けの企画列車が運転され、申し込みが多かったことから7000系白帯車2連の中間車を組み込み、6両貫通編成として運行された。7000系白帯車の6連が運行されたのはこの時だけである。
1985.9.29　Ha

栄生〜東枇杷島間を走る6000系と3400系。電留線には7000系が停まっている。名鉄病院は拡張前で、北側には名鉄体育館がある。1982.11　Ha

電留線に停まる登場直後の1000系パノラマスーパーと東海道本線の117系快速、0系新幹線の競演。1988.6.19

名鉄病院開院前の栄生駅を走る3200系。1955.1　Si

同地点の名鉄病院開院後。名鉄病院は1956（昭和31）年7月13日に開院した。
1956.12　Si

東枇杷島駅

アパートと事務所が併設された集合ビルの一階にあった旧東枇杷島駅。歴史的には1910（明治43）年5月6日に市内線（枇杷島線、後に郡部線の一宮線となる）の駅として開設された東枇杷島を、1941（昭和16）年8月12日に移転した形となっている。1964（昭和39）年に駅ビルが開業。2016（平成28）年に改築されている。駅集中管理システムの導入により2009（平成21）年12月1日からの土日終日無人化を経て、2016（平成28）年7月16日より平日も無人化された。
1967.8.17　Kr

東枇杷島駅に到着するク2314が先頭のAL車8連の弥富行急行841レ。ク2310形はモ800形と同じ車体形状で1938（昭和13）年にその制御車となることを念頭に製造されたが、当初は附随車サ2310形として輸送力が逼迫していた各務原線で600V電動車に挟まれて使用された。戦後の1946〜48（昭和21〜23）年に制御車化され、モ800形と組成した。
1982.9.28　Ha

栄生〜東枇杷島間ですれ違う7000系6連の新岐阜行高速（右）と7500系6連の河和行高速（左）。1979.11.8　Ha

東枇杷島駅ですれ違う3850系と3400系。ク2857-モ3857の組成は1958（昭和33）年に踏切事故で全焼したことから、3700系に似た全金属車体に載せ替えられ、全固定クロスシートから扉付近はロングシートとなった。この頃、SR車を除くクロスシートの車両は、ストロークリームに赤帯に塗られていた。1973.4.30　Hi

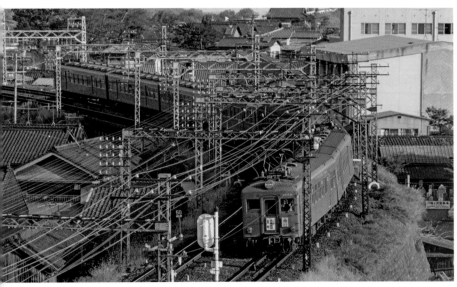

3850系に3550系と3900系を連結した犬山線からの吉良吉田と豊明行のAL車8連急行884レ。神宮前で後ろに連結している豊明行を分割して2列車となる。3850系は1966（昭和41）年からの重整備で高運転台化され、モ3850形は窓上下のウィンドゥ・シル/ヘッダーを撤去、ク2850形はウィンドゥ・ヘッダーの撤去が行われている。
1979.11.8　Ha

名古屋駅前の高層ビル街を望んで庄内川橋梁にさしかかる7000系。1958（昭和33）年の新橋梁への架け替えで急曲線は緩和されたが、それでも50km/hの速度制限は残っている。
2008.7.30　Ha

コラム 庄内川橋梁の架け替えと枇杷島分岐点

東枇杷島と西枇杷島の間にある庄内川の橋梁は、名古屋電気鉄道初の郊外線である郡部線建設に伴い、1912(大正元)年8月6日に開通した。しかし、路面電車の規格で建設されたことから線路中心間隔が10フィート(3.05m)しかなく、このため通過車両の最大幅員は2.45mに制限され、車両の大型化に大きな制約となっていた。このため、800系など車体幅2.7mの車両が運行を始めると、橋梁上は20km/hの速度制限をかけて運行していた。また、橋梁の南側は1941(昭和16)年8月の新名古屋駅開業に際し、押切町からの路線から切替えたため、半径130mの急曲線となり、こちらも速度制限がかけられていた。

このため、庄内川の上流に複線の新橋梁をかけることになり、1958(昭和33)年1月から3月にかけて順次、線路を切り替えた。新名古屋方の曲線も半径160mと緩和され、速度制限が20km/hから45km/h(現在は50km/h)となって所要時間が短縮された。

橋の枇杷島側には枇杷島橋駅があり、1914(大正3)年1月23日に津島線枇杷島橋〜新津島間が開業すると、一宮(犬山)線との分岐駅となった。しかし、西枇杷島駅の開業で1949(昭和24)年8月1日に枇杷島橋駅は廃止され、枇杷島分岐点信号場となった。

橋梁の入口には、窓から顔や手を出している乗客に注意を喚起するため、「ほっぺた叩き」と呼ばれる板が取り付けられていた。1958.3　Km

庄内川の旧橋梁を渡る5000系4連。1956.5　Gd

庄内川左岸（東枇杷島側）から見た旧橋梁（左）と新橋梁（右）。1958.3　Km

旧橋梁時代には大きな中州があり、鉄橋が途切れていた。中州は中島と呼ばれ、江戸時代には美濃街道の橋が架けられて人家が軒を連ね、明治時代には西春日井郡役所や枇杷島役場まで置かれていた。しかし、庄内川治水上の大きな問題であったことから1950（昭和25）年から撤去工事が始まり、1958（昭和33）年に姿を消した。1957.11　Si

庄内川右岸（西枇杷島側）から見た新橋梁を渡るデニ2000形2001（左）と旧橋梁を渡る3800系（右）。デニ2000形は小荷物輸送のため、元愛電デハ3080形の全金属製車体の試作車であったデハ3090を1953（昭和28）年に荷物電車に改造したもので、1形式1両の車両だった。1969（昭和44）年に廃車となった。
1958.3　Si

路線切り替え中の枇杷島分岐点。すでに上り線と犬山線が新橋梁に切り替えられている。
1958.3　Km

新線に切り替えられた枇杷島分岐点を犬山線に向けて走る3800系。
1958.3　Km

雪の日、枇杷島分岐点を走る7000系。雪が積もると、せっかくの前面展望もだいなしである。1981.2.27　Ha

枇杷島分岐点を走る8800系パノラマDX（デラックス）の6連。1989（平成元）年に中間車のサ8850形をはさんで3両組成化され、観光シーズンには2本を連結して6両編成で運行された。1990.6　Ha

空から見た枇杷島分岐点。犬山線との接
続点が下砂杁信号場で、デルタ線部分は
西枇杷島駅の構内扱いある。1920（大
正9）年以前に一宮線に下砂杁信号場を設
け、デルタ線を形成した。このデルタ線
部分は1940（昭和15）年に貨物線が増設
され、貨物輸送の拠点として貨車が並ん
でいたが、1966（昭和41）年2月10日に
貨物営業は廃止されている。
1982.11　Ha

コラム デルタ線を使った車両の方向転換

西枇杷島構内のデルタ線を使い、名古屋本線〜栄生〜犬山線〜下砂杁信号場〜西枇杷島〜須ヶ口のルートで運転すると車両の向きが反転できる。このため新川工場での車両の方向転換が必要なときに活用され、高山本線乗り入れの気動車の方向転換や、1991（平成3）年に新製された一般席車の1200系に1000系指定席車を分割して組成する時などに、電気機関車牽引で運行された。

須ヶ口から栄生に向かう。西枇杷島信号場　デキ603＋モ1166-ク1116＋デキ305　1991.9.6　Ha

栄生で折返し、デキ305牽引で下砂杁信号場へ。1991.9.6　Ha

下砂杁信号場で折り返し
てデルタ線に到着する。
1991.9.6　Ha

特急「北アルプス」に使
用されているキハ8205
の方向転換。栄生から
下砂杁信号場間はキハ
が先頭で走行した。
1976.7.23　Ha

西枇杷島を出発してデキ
378牽引で須ヶ口に向かう。
1976.7.23　Ha

西枇杷島駅

1914（大正3）年1月23日に津島線の駅として開設され、戦時下の1944（昭和19）年に休止となり、貨物駅となった。1949（昭和24）年8月1日に庄内川右岸にあった枇杷島橋駅を移転して旅客営業を再開。待避線を新設すると共に、下砂杁信号場を含むデルタ線を西枇杷島駅の構内扱いとした。

東側に国道22号の踏切、西側に東海道本線の跨線橋があるという狭い場所に待避線のある駅を設けたことから、ホームは新月のよう細く湾曲して屋根もベンチも無い超幅狭で、通過列車があるときは危険なため、上り線は列車到着にあわせて改札するという対応がとられていた。このため、1987（昭和62）年11月24日に隣の二ツ杁に待避線が新設されると、待避機能を移すとともに、準急停車駅から普通停車駅に変わっている。2004（平成16）年2月28日に駅集中管理システムが導入されると、駅員は運転係員だけとなり、営業業務は無人化された。

2019（平成31）年から待避線の撤去とホーム拡幅が行われることになり、同年3月のダイヤ改正で待避線の使用が停止された。2021（令和3）年1月16日の上下線別の新駅舎の使用開始により、従来の構内踏切は撤去されたが、名古屋方面の駅舎と上りホームの間には側線があるので、側線をわたる構内踏切が設置された。

西枇杷島駅駅舎。1967.8.17　Kr

駅の西側を走る東海道本線から見た1959（昭和34）年の西枇杷島。2019（平成31）年にホーム拡幅の工事が始まるまで、大きな変更はなかった。停車中の車両は5200系。1959.11　Si

西枇杷島に到着する
5000系。
1983.4.20　Ha

6000系が停車するホー
ムを5500系の急行が通
過する。
1986.5.1　Ha

西枇杷島構内のデルタ線
から須ヶ口に向けて走る
3400系。この列車は団体
用で、犬山線から下砂杁信
号場を経てデルタ線に入っ
ていたことから岐阜方が電
動車で通常とは向きが変
わっている。
1992.10.18　Ha

デルタ線に停まる登場直後の1000系パノラマスーパーと名古屋本線を走る7000系特急改装車（白帯車）。新旧特急車の初の顔合わせである。1988.6.17　Ha

枇杷島には江戸時代以来の青果市場があり、名古屋電気鉄道開業後は尾張地区から野菜を集荷して、市場に輸送していた。そのため西枇杷島は貨物輸送の拠点となり、貨物列車専用の乗務区も置かれていた。貨物輸送は1966（昭和41）年2月10月に廃止となり、以後、デルタ線は車両の留置に使用されている。たまたまこの日は、1000系パノラマスーパー、7000系パノラマカー、3400系と歴代の特急車が勢揃いした。3400系は犬山線から下砂杁信号場経由で来たため、通常とは逆編成である。
1992.10.18　Ha

西枇杷島を出発するモ910形ほか3連。モ910形は元知多鉄道デハ910形で、1965（昭和40）年に制御車のク2330形になった後、同年末から600Vで再電装されて瀬戸線へ移籍しモ900形となり、907を除いてクロスシート化、ミュージックホーンを取り付け、特急車として活躍した。1958.5　Si

雪の西枇杷島を発車する850系。雪が積もると独特の流線形の前面が異様な形相に見える。1981.2.27　Ha

雪の西枇杷島駅の7000系。1981.2.27　Ha

西枇杷島のデルタ線に停まるデキ370形373。当時の西枇杷島のデルタ線は貨物駅となっていて、貨物室や貨車区もある西部地区の貨物の拠点だった。上部を跨ぎ越しているのは1935（昭和10）年に建設された自動車専用の枇杷島陸橋。1958　Si

デルタ線に停まる100系の試運転列車の横を7000系が通過する。1978.12.12　Ha

二ツ杁駅

　1942（昭和17）年2月1日に開設された比較的新しい駅で、近くに三菱重工業の工場があることから、戦時輸送のために開設されたと思われる。同時期の西枇杷島町の区画整理により、Sカーブを描いていた線形も改良された。1962（昭和37）年3月に一階がスーパーマーケット、2階以上が従業員の寮となった駅ビルが完成している。1987年（昭和62年）11月24日に隣接の西枇杷島の待避機能を分担するため、新幹線スタイルの中線通過式の上下待避線が完成し、同時にホームも4両から8両に延伸され、西枇杷島に代わって準急停車駅になった。2004（平成16）年3月に駅集中管理システムの導入で無人化されている。

一階がスーパー、2階以上が従業員寮であった二ツ杁駅。
1967.8.21　Kr

待避線ができる前の下り線ホームに停車するク2734-モ3734の津島線直通普通列車。1983.4.20　Ha

待避線がない時代の二ツ杁を通過する7500系の豊橋行高速。踏切は待避線設置とホーム延伸に伴い廃止された。
1983.4.20　Ha

二ツ杁に停車する7300系。7300系は津島〜三河線の直通特急用にAL車3800系と800系から台車やモータを転用し、7000系パノラマカーに準じた車体を製造した車両で、1971（昭和46）年に2両組成9本、4両組成3本の計30両が製造された。1978（昭和53）年からFS-36台車へ履き替えが行われている。1997（平成9）年までに全車廃車となり、1500Vへ昇圧が行われる豊橋鉄道に譲渡され、渥美線で使用された。1983.4.20　Ha

1987（昭和62）年11月に中線通過式の上下待避線が設けられた二ツ杁駅。1993（平成5）年に鉄道友の会からエバーグリーン賞を受賞したことを受けて、塗装を登場時の濃淡グリーン化した3400系の碧南行急行1240レの横を豊橋行特急120レが追い抜いていく。1994.8.6　Ha

新川橋駅

名古屋電気鉄道の2番目の郊外線である津島線の駅として1914（大正3）年1月23日に開業。駅名は隣接する新川に由来する。駅舎は新川の堤防道路に面している。1935（昭和10）年に駅員が配置され、1951（昭和26）年8月に駅舎の増改築とホーム延長が行われている。2004（平成16）年9月に駅集中管理システム導入で無人化された。

新川の堤防道路に面した新川橋駅。1967.8.19　Kr

新川の鉄橋を渡る7000系。　1967.4　Si

同地点の7500系7505編成。鉄橋は2002（平成14）年に架け替えられている。1991.9.6　Ha

須ヶ口駅

名古屋電気鉄道の2番目の郊外線である津島線の駅として1914（大正3）年1月23日に開業。1929（昭和4）年に構内に車両工場が併設され、新川工場として本線系車両の日常検査や修繕などを担当した。1965（昭和40）年には高山本線に直通する気動車も配置されている。

1977（昭和52）年3月27日と1987（昭和62）年7月24日には構内の配線変更が行われている。1977（昭和52）年の配線変更は津島線ホームの延長によるもので、津島下り線から新岐阜方面への出発を廃止した。1987（昭和62）年の配線変更では、線路別から方向別の配線となり、名古屋方面のホームが統一された。これに伴い、名古屋方にあった名古屋本線下り

線と津島線上り線との平面交差が岐阜方に移っている。1988（昭和63）年4月1日に橋上駅化されると共に、南北の連絡橋が完成している。

新川工場の機能は1985（昭和60）年の犬山検査区（後に検査場）、1997（平成9）年の舞木定期検査場（後に検査場）の開設によって大幅に縮小しており、新川検車区として犬山検査場の下部組織となった。1998（平成10）年から建屋や構内配線を全面的に更新する改良工事が行われ、2005（平成17）年に完成している。

1988（昭和63）年に橋上駅と駅ビルに改築される前の須ヶ口駅舎。左側の2階建て建物には、かつての神宮前から西の列車（犬山線を除く）を担当していた須ヶ口乗務区が入っていた。
1967.8.19 Kr

構内配線変更前の須ヶ口。ホームは名古屋本線と津島線の線路別で構内踏切で連絡した。津島線上り線との平面交差を7000系の岐阜行急行が亘っていく。津島線ホームには、3730系の佐屋行普通が停車中。1987.5.3 Ha

名古屋本線下り線と津島線上り線の平面交差。津島線ホームから分岐しているのは、新川工場への入出庫線。
1987.5.3

名古屋本線ホームに到着する5300系の新岐阜行急行。ホームと駅舎の間には手動操作の構内踏切があった。
1987.5.3

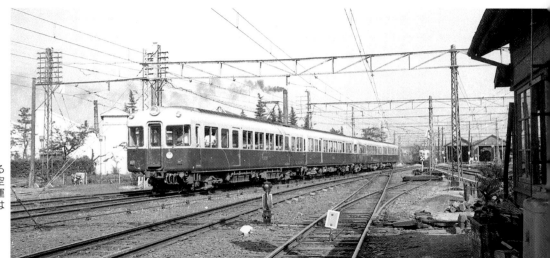

須ヶ口に到着する5200系を使った空気バネ台車の試運転列車。南側には新川工場がある。
1958.7 Si

名古屋本線ホームに停車中の常滑行の5500系普通列車と須ヶ口で折り返す津島線のモ800形810。
1987.5.3

須ヶ口で並ぶ豊明行3700系モ3703と岐阜行モ910形915。モ3700系は旧型木造車の台車や電機品を再利用して全金属製の車体を製造したHL車であるが、最初に登場した2本はAL車と速度を合わせるため、全電動車のMc-Mcで製造された。モ915は元知多鉄道デハ910形で両運転台のHL車。1964年から翌年にかけて制御車化改造を受けてク2330形となるが、1965年末から600Vで再電装されモ900形となり、瀬戸線で活躍した。
1958.8　Si

新川工場の入替をするデキ1500形1501と元愛知電気鉄道のモ3350形（後のク2340形）。デキ1500形は1934（昭和9）年に2両が製造された名岐鉄道のデホワ1500形で、1948（昭和23）年に電気機関車扱いとなってデキ1500形に形式変更され、1952（昭和27）年に1500Vに昇圧されている。
1955.11　Si

検修庫に停車する登場直後の5000系。この検修庫は、1998
（平成10）年から始まった建物や配線の全面更新まで使用され
た。1957.7　Si

東急電鉄の3700系は、1975（昭
和50）年に続いて1980（昭和
55）年にデハ3700形7両、ク
ハ3750形1両、クハ3670形1
両の計9両を譲受した。これら
は3880系として3889-3890-
2885 ～ 3893-3894-2887の
3本に組成された。写真のクハ
3755はク2885となった。
1980.8.17　Ha

東側の留置線に停車するモ1070
形1074。愛知電気鉄道の1500V
昇圧にそなえ、1924 ～ 25年に
14両が製造された電6形である。
新川工場では本線系車両の日常検
査と修繕を担当した。
1956.9　Si

新川工場に並ぶ特急「北アルプス」用キハ8000系、パノラマカー 7000系、そして登場直後の6000系。6000系の鉄道友の会ブルー
リボン賞受賞を記念した受賞車両の並びである。1977.5.29　Ha

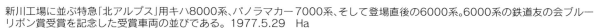

線路別ホーム時代の須ヶ口
駅西側。
1987.5.3　Ha

配線変更により、名古屋方に
あった名古屋本線下り線と津
島線上り線との平面交差が岐
阜方に移った。
1992.10.18　Ha

須ヶ口を通過する7500系
6連の急行「谷汲」。谷汲
線の廃止に際し、1978〜
1982年の初詣特急として
運転された岐阜行「谷汲」
のリバイバルトレインとし
て、座席指定特急をあらわ
す黄色の行先標板をつけて
運転された。
2001.9.30　Ha

丸ノ内駅

1914（大正3）年9月22日の清洲線須ヶ口～清洲町間開業時に丸之内として開設。1928（昭和3）年4月10日に国府宮から南進してきた路線と接続して名岐線の駅となり、清洲線との分岐駅となった。駅名は1930～34年頃に丸ノ内と改称されている。清洲線丸ノ内～清洲町間1.0kmは1944（昭和19）年6月11日に休止となり、1948（昭和23）年8月3日に廃止となった。駅北東部から東に分かれる道路がその線路跡である。1971（昭和46）年10月1日に無人化されている。トランパス導入にあわせて小さな駅舎が設けられた。

1967.8.19　Kr

丸ノ内を通過するモ3807ほかの新岐阜行急行。清洲線はここから北東に分岐していた。
1967.8.19　Kr

五条川を渡り新清洲に向かうク2314-モ804＋ク2500形-？。
1976.5.28　Ha

新清洲駅

1925（大正14）年8月1日の尾西鉄道の鉄道事業継承に伴い、旧・名古屋鉄道では名古屋への連絡を目的に国府宮から南進する路線の建設を進め、1928（昭和3）年2月3日に西清洲駅として開業した。開業時から複線で、4月10日に丸之内に延伸されるまでは、清洲線の農事試験場前の間を徒歩で連絡して名古屋を結んだ。建設にあたっては長い直線と半径2000mの緩曲線という愛知電鉄豊橋線に負けない優れた線形としている。駅名は清洲線正式廃止前の1948（昭和23）年5月16日に新清洲と改称されている。

駅舎は1975（昭和50）年9月1日に公共地下道に面した地下駅となり、翌1976（昭和51）年4月1日に上下待避線が設置され、12日のダイヤ改正で急行停車駅となった。

地下駅化され、上下待避線が設置される前の新清洲駅。駅舎は屋根が深い名電スタイル。1967.8.19　撮影：Kr

1976（昭和51）年に上下待避線が設置された直後の新清洲駅を通過する7500系。1976.5.28　Ha

大里・奥田駅

大里駅

1928（昭和3）年2月3日に西清洲への路線開通に伴い開業。開業時の駅名は大佐土（おおざと）で、1943（昭和18）年11月2日に現駅名に改称されている。屋根の深い名電スタイルの駅舎であったが、2階以上にアパートを併設した建物に改築され、上下線ホームは跨線橋で結ばれている。急行の一部が停車していた時代を経て、2005（平成17）年1月には急行停車駅となったが、2008（平成20）年12月には準急停車駅として一部の急行が停車するだけとなった。2004（平成16）年2月に駅集中管理システム導入に伴い無人化されている。新清洲との間には1928（昭和3）年2月3日に開設された増田口があったが、戦時下に休止となり、1969（昭和44）年4月5日付けで正式に廃止されている。
1967.8.19　Kr

奥田駅

1928（昭和3）年2月3日に開業。当初から無人駅で相対式のホームがある。トランパス導入にあわせ、小さな駅舎が設けられた。
1967.8.19　Kr

大里〜奥田間を走るパノラマスーパー 1000系 の8連。2002（平成14）年9月26日に7500系の機器を流用して製造された1030系1134編成と外国人が運転する乗用車との踏切事故がこの付近であり、大破した特別車2両は廃車。残った一般車の1230系4両は、豊橋寄りの中間車に運転台を取り付け、1380系となった。
1988.6.11　Ha

国府宮駅

国府宮は、奈良時代に尾張国の総社として定められた尾張大国霊神社の通称で、毎年旧暦正月13日に開催される儺追神事(なおいしんじ)、通称「国府宮はだか祭り」で知られる。

1900(明治33)年に弥富〜新一宮間を開業させた尾西鉄道は、1914(大正3)年8月に新一宮〜木曽川橋間を開業させ、美濃電気軌道と連携して一宮〜岐阜間を結んだ。さらに一宮〜甚目寺〜中村間の免許を取得して、名古屋土地(後の中村電気軌道)との連携により一宮〜名古屋間の連絡を計画した。この最初の路線として、はだか祭りにあわせて1924(大正13)年2月15日に開業したのが新一宮〜国府宮間で、現在の名古屋本線の一部である。開業時は仮駅で、同年9月20日に本駅の完成により移転している。

駅舎は1963(昭和38)年3月に鉄筋4階建ての駅ビル化され、自動車営業所、電車、バスの乗務員宿舎も併設された。石油危機後の鉄道利用客増加に対応した1974(昭和49)年9月17日のダイヤ改正で特急の一部が停車するようになり、1999(平成11)年5月10日に全列車が停車するようになった。1980(昭和55)年12月22日に地下道が完成して改札口が地下に移され、2010(平成22)年12月18日にはバリアフリーに対応した自動改札機のみの橋上駅舎の共用が開始されている。

なお、はだか祭りの際には多客に対応するため、岐阜側の臨時改札も使用される。

1963(昭和38)年に鉄筋4階建ての駅ビル化された2代目の国府宮駅舎。ビルの裏にはバスターミナルもあった。
1967.5.21　Kr

はだか祭輸送で4線に列車が並ぶ国府宮駅。改札口が地下に移る前で構内踏切が使われている。停車中の列車は、左から新一宮行臨時急行の5500系、岐阜行高速の5200系、豊橋行高速の7000系、常滑行普通列車の3550系。
1980.2.29　Ha

空から眺めた国府宮駅。地下道が開通し、改札口が地下に移されている。駅西側には森上、萩原方面や矢合観音へ向かうバス乗り場があった。
1982.11.8　Ha

国府宮駅南にあった稲沢団地の横を走る
モ3603-ク2603。現在の稲沢市民病院
の位置には、1958（昭和33）年に入居が
開始された日本住宅公団（現・UR都市機
構）稲沢団地があった。この団地の建替に
より2011（平成23）年から市街地整備が
行われ、2014（平成26）年に稲沢市民病
院が移転開院している。
3600系は1940（昭和15）～1941（昭
和16）年にモ3350形、ク2050形として
各4両が製造された戦前の最優秀車で、
1952（昭和27）年に形式がMc車モ3600
形、Tc車ク2600形に改番されている。
1955（昭和30）～56（昭和31）年に当時
600V線区であった三河湾や可児方面に
直通するため複電圧車に改造され、その
際に岐阜方運転台を撤去して片運転台化
されたが、モ3603を除き乗務員扉および
車内運転台仕切り壁は存置されていた。
1976.12.2　Ha

国府宮駅南を走る
850系。
1979.2.12　Ha

稲沢団地の横を走る
豊田新線用100系の
試運転列車。この頃の
新造車両は、一旦新川
工場に入って整備が
行われた後、西枇杷島
～新木曽川間で試運
転が行われた。
1978.12.20　Ha

1995（平成7）年に開館した稲沢市民会館（現・名古屋文理大学文化フォーラム）と2006（平成18）年に稲沢市立中央図書館が開館したあたりを走るク2314-モ804＋ク2856-モ3856の4両編成。ク2310形はモ800形とほぼ同一車体であるが、1938（昭和13）年に附随車サ2310形として製造され、当初は各務原線で使用された歴史がある。モ800形と組成を組んだのは、戦後になってからであった。1976.12.2　Ha

はだか祭の日の国府宮駅南を走る6000系4連。まだ、周辺には農地が多く点在している。国府宮神社への参道には、参詣するはだか男達の姿が見られる。1989.2.29　Ha

はだか祭で賑わう国府宮駅を発車する5500系の豊橋行高速。構内踏切が使われている時代で、ホームには列車から降りた多くの乗客が滞留している。1979.2.9　Ha

はだか祭で混雑する国府宮駅　1965.2　Si

国府宮駅を発車した3550系。戦時下の輸送需要の増加に対応するため、1944（昭和19）年に製造された3扉車で、モ3550形-ク2550形で組成した。1979.2.9　Ha

神社に参詣するはだか男達がもみあう国府宮駅南の踏切を通過する7500系。はだか祭ならではのシーンである。1979.2.9　Ha

国府宮〜島氏永間

　国府宮と島氏永の間は田園地帯が広がり、絶好の撮影ポイントである。ここで撮影したさまざまな列車や四季折々の写真を紹介する。

国府宮の北を走るAL車8連特急911レ。石油危機後の乗客増に対して8両編成の列車を増発するにあたり、1975（昭和50）年9月16日のダイヤ改正から平日の美合～新岐阜間の区間特急に、なんとAL車（制御器が自動進段の車両の総称）が使用された。美合→新岐阜間の片道のみの運行であったが、この時点で犬山線などにはAL車の特急が残っていたとはいえ、メインラインの名古屋本線でのAL特急の登場は驚かせた。塗色変更の過渡期であり、ロングシートのAL車の標準色であったグリーン、クロスシートのAL車の標準色であったストロークリームに赤帯、そしてスカーレットの3色が連なっている。
1976.5.8　ク2832-モ3832+ク2502-モ832+ク231×-モ80×+ク255×-モ355×　Ha

西部線用の流線形車両でかつては前面の幕板に3本の白線が入れられていたことから「なまず」の愛称があった850系の4連。2本しかなかった850系が連結しての運転は大変珍しい。この運転からしばらく後にモ852-ク2352の編成は廃車となり、知多新線内海延長にあわせて開園した南知多ビーチランドで休憩施設として使用された。
1979.11.12　Ha

島氏永の春

レンゲが満開の田園地帯を走る5000系。先頭のモ5001は運転台の曲面ガラスが事故等で割れた折に補充が困難であったことから、縦桟入りの平面あわせガラスになっている。1976.5.8　Ha

春の島氏永を走るモ7045ほか7000系8次車6連。製造は1974（昭和49）年で、前年に貫通式の特急車である7700系が製造されていたが、座席指定特急増発のため、8次車として前面展望室つきで2本が新造された。しかし、車体の設計や仕様は7700系に準じたものとなり、前面には最初から電動・電照式の逆富士形行先種別板が取り付けられていた。1976.5.8　Ha

田植えが終わった水田に姿を写して走る1000系8連の試運転列車。1000系パノラマスーパーは1988（昭和63）年7月8日の
ダイヤ改正から9本が使用開始され、ラッシュ時には2本併結しての8連も見られた。1988.6.11　Ha

7700系＋7000系白帯車を連結した8連の新岐阜行特急。1000系パノラマスーパー運転開始の直前で、特急改装されていない
4両組成の7700系が特急に使用されている。1988.6.11　Ha

晩秋の島氏永を走る7000系8連の
豊橋行急行。この地区のシンボルで
ある火の見櫓が見える。
1978.12.12　Ha

島氏永の秋

晩秋の島氏永を走る7000系8連の新岐阜行特急。沈みゆく夕陽にパノラマカーの先頭部がギラリと輝く。1978.12.12　Ha

わが国初の特別料金を取らない冷房車として登場した5500系の引退を控え、かつての車体塗装を再現することになり、2003（平成15）年7月からモ5517-モ5518がサーモンピンクとマルーン、8月からモ5513-モ5514がストロークリームに赤帯、9月からがモ5515-モ5516がスカーレットに白帯と塗装変更された。3色揃ったことから鉄道の日のイベントの一環として同年10月5日と11〜13日に「甦る（よみがえる）5500系」として3本をつないだ特別運転が行われ、編成順は毎日変更された。5500系は空港線開業に伴うダイヤ改正で運用から外れることになり、ダイヤ改正前日の2005（平成17）年1月28日に犬山線の布袋駅に疎開留置のため、回送された。廃車後はモ5517の前頭部が舞木検査場に保存展示されている。2003.10.5　Ha

ヘリコプターから撮影した島氏永の南を走る7000系特急改装車（白帯車）。稲刈りの最盛期で、田園がパッチワークのように
なっているのが面白い。1982.11.8　Ha

島氏永の冬

雪が積もるのは年に数回だが、白一色の風景の中にスカーレットの車体は鮮やかに映える。5500系モ5517ほか6連の内海行急行。1981.2.1　Ha

雪の中、4灯の前照灯を点灯して走行するパノラマカーは印象的で、視認性も高かった。1981.2.1　Ha

雪晴れの島氏永の南ですれ違う7000系。左は1974（昭和49）年の座席指定特急増発に際して6連2本が製造された8次車。右のモ7025は7000系固定8連を解消して4連化するため、1968年に先頭車のみが製造された4次車で、連結運転に備えて1973（昭和48）年以降、先頭部にジャンパ栓とM式自動解結装置が取り付けられた。1990（平成2）年10月に始まった特急の指定席車と一般席車の併結運転に際し、7700系の組成変更に伴い、その中間車を組み込んで6連化されている。1991.12.28　Ha

国府宮はだか祭の臨時特急に活躍する7000系7037編成。1988（昭和63）年のパノラマスーパー 1000系の運転開始後は、7000系白帯車は西尾線や臨時特急の活躍が中心となっていった。1990.3.2　Ha

島氏永を走った変組成

　1990（平成2）年に特急の運行方針が変更され、10月29日から特急の指定席車と一般席車の併結運転が始まると、指定席車を1000系と7700系、一般席車を7000系、5300系、5700系として、異種の車両を連結して運転された。こうした異種車両の連結運転は、一部指定席特急を貫通編成とするため一般席車の1200系が製造され、1000系との固定編成が揃う1992（平成4）年11月24日のダイヤ改正まで続けられた。

パノラマスーパー 1000系に5300系2連を連結した特急。指定席車4両、一般席車2両のちょっとアンバランスな編成である。
1990.12.22　Ha

7700系2連に7000系6連を連結した特急。7700系は1983（昭和58）年3月の特急改装車（白帯車）での運転に際し4本が改装されていたが、指定席車と一般席車の併結運転にあたり、2両組成の指定席車が不足することから、4両組成から中間車を抜いて2両組成化してさらに4本が白帯車化され、2両組成8本がすべて特急用となった。
1991.8.31　Ha

特急の運行方針変更に伴う異種車両の併結とは異なるが、1984（昭和59）年12月に運行開始した8800系パノラマDXは、翌1985（昭和60）年の正月輸送では白帯特急車の7000系と連結して、豊橋と豊川稲荷に運転された。定期列車での8800系の7000系白帯車との連結運転は、この時が唯一である。
1985.2.3　Ha

1000系と連結した一般席車には、1986（昭和61）年から翌年に急行用車両として新製された5300系や5700系が多用された。5本あった5300系2連を2本連結し、1000系と連結した新岐阜行特急。
1991.8.31　Ha

昭和30年代の島氏永

昭和30年代の島氏永を走る5200系の空気バネ試験台車の試運転。写真に写る火の見櫓は平成初期まであった。道路が拡幅されたりしたが、このあたりの風景は大きくは変わっていない。1958.7 Si

同地点を走る3800系2連の岐阜行急行。1958.7 Si

島氏永駅

妙興寺駅

島氏永と妙興寺駅は、名古屋への延伸を目論んだ尾西鉄道が、1924（大正13）年2月15日に開業した新一宮〜国府宮間に位置する。島氏永（左）は開業時に設置された島と氏永駅を1928（昭和3）年1月24日に移転・統合して大和となり、1930（昭和5）年9月1日に旧集落の駅名を組み合わせた島氏永と改称している。妙興寺（右）は路線開業にあわせて設置され、駅名は近くの名刹妙興寺に由来する。いずれも小さな踏切を挟んでホームが対角線上に配置されているのが特徴で、島氏永はホーム配置も集落の位置に配慮したためという。島氏永〜新一宮間には、現在の名神高速道路の下あたりと妙興寺の北にカーブがあったが、1950（昭和25）年8月21日に改良されている。1967.5.21 Kr

新一宮（現・名鉄一宮）駅

尾西鉄道により1900（明治33）年1月24日に開業した新一宮駅。1886（明治19）年5月に開業していた官設鉄道の一ノ宮駅に併設され、初代名古屋鉄道による1928（昭和3）年4月の丸之内〜国府宮間開業後は、岩倉と東一宮を結んでいた一宮線東一宮駅（1965（昭和40）年4月25日廃止）に代わり一宮市の玄関駅となった。駅舎は1930（昭和5）年に移転・新築されている。名古屋本線が高架化されるまでは国鉄との共同使用駅で、出札口では国鉄の乗車券も扱っていた。

戦後は名古屋本線と尾西線ともに島式ホームがある2面2線で、さらに1952（昭和27）年12月の尾西線1500V昇圧までは、尾西線ホームの西側に1953（昭和28）年6月に運行休止された路面電車の起線（1954（昭和29）年6月廃止）のホームもあった。1963（昭和38）年12月には混雑緩和のため尾西線ホームを1線として線路を移設し、名古屋本線のホームを拡幅している。西口の名鉄駅舎とホームの間は南側の跨線橋、国鉄側の東口とは名古屋本線ホーム北側の跨線橋で結ばれており、さらに名鉄線と東海道本線下りホームを結ぶ地下道もあった。

1988（昭和63）年10月30日の東海道本線上り線、1990（平成2）年11月18日の同下り線高架化に続き、1993（平成5）年2月21日に名古屋本線が高架化され、自由通路の供用開始に伴い、国鉄尾張一宮駅と改札口が分離された。その後、1994（平成5）年11月27日には尾西線の津島方面ホーム、1995（平成7）年7月29日には尾西線玉ノ井方面ホームも高架化されている。2000（平成12）年11月には高架線の西側に東一宮駅跡にあった名鉄百貨店一宮店が移転してきたが、2024（令和5）年1月

31日に閉店している。

新一宮駅の利用者数は、かつては本数の多い名鉄が圧倒的に多い時代があったが、国鉄が分割民営化前の1986（昭和61）年11月1日のダイヤ改正で快速、普通電車を大幅に増発、さらに1989（平成元）年7月のダイヤ改正で時速120km/hで走る新快速の運転開始による所要時間の優位性に加え、名古屋〜尾張一宮間に特定運賃を適用して運賃面でも安価になったことから利用者はJRにシフトし、58,000人／日あった利用者は35,000人／日に減少した。名鉄では1987（昭和62）年11月24日のダイヤ改正で新一宮発の急行を増発して利便性を高めたが、その後、1997（平成9）年4月5日のダイヤ改正で尾西線新一宮〜森上間の運行を15分間隔に増発して、支線からの利便性を高める

ことで対抗している。

2005（平成17）年1月29日に名鉄名古屋などと同時に駅名が「名鉄一宮」と改称された。

新一宮駅舎　1967.4.9　Kr

高架工事の始まった新一宮（国鉄は尾張一宮）で行き交う国鉄の485系の特急「しらさぎ」と7000系特急改装車（白帯車）の特急。尾張一宮の駅ビルは、この直後に解体されている。1982.11.8　Ha

拡幅前の名古屋本線ホームに到着する3900系の河和行急行。手前は東海道本線下りホームで、北側の跨線橋と南側の地下道で結ばれていた。
1957.7　Si

2線時代の尾西線ホーム。停車中の車両は愛知電鉄が1923（大正12）年に10両を製造した木造車の附2形で、愛電初の附随車で、当時、附随車は珍しかった。愛電時代に1500Vに昇圧され、名鉄合併後にク2010形などとなった。
1956.8　Si

拡幅後の新一宮駅の名古屋本線ホームに停まる5500系の岐阜行特急と尾西線の3780系。尾西線ホームは1面2線であったが、混雑緩和のため1963（昭和38）年12月に1線を撤去して線路を移設し、翌年1月に名古屋本線のホームの拡幅と7両組成に対応できるように延伸している。
1968.5　Si

新一宮を発車した尾西線列車の3780系。3780系は旧愛電の半鋼製車であるモ3300形、3350形の車体更新車として1966（昭和41）年11〜12月にモ3780形-ク2780形の2両組成10本が製造されたHL車。支線用の車両としては初めて冷房を装備し、車内の座席も1人掛けと2人掛けのクロスシートを対角線で配置して、通勤にも観光にも適した車両としたことが特徴である。しかし、車体重量がMc車34.4㌧、Tc車28.8㌧と編成単位で3700系に比べ10㌧以上重くなったことから加速性能が低下し、本線での運行に制約があるため、1978（昭和53）年3月に昇圧した瀬戸線に全車移動し、同時に多客対策として座席もロングシート化された。
1977.4.22　Ha

高架化直前の同一場所を走る3700系モ3706。高架化工事に備え、線路脇の建物は撤去されている。3700系は旧愛電の電6形（モ1060形）などの木造車を1957（昭和32）〜59（昭和34）年に最初に鋼体化したグループで、写真のモ3706を含む3706〜9と11編成の5本は瀬戸線の車両近代化のため、1973（昭和48）年に降圧されて瀬戸線に移ったのち、1978（昭和53）年3月の同線1500V昇圧に伴い、再び1500V車に戻され、本線系に復帰した歴史を持つ。
1988.8.6　Ha

新一宮に到着する5000系の岐阜行特急。尾西線の駅ホーム南側には貨物ホームがあり、国鉄線との貨物授受が行われていたが、1966（昭和41）年4月10日に廃止されている。1956.8　Si

新一宮に到着する5000系モ
5007ほかの岐阜行特急。側線
にはモ770形772が停車してい
る。南側の跨線橋は、混雑緩和
のための戦後の増設である。
1960.10 In

新一宮を出発する名古屋
本線の3880系。
1977.4.22 Ha

同地点の5300系。高架
化工事が始まった1988
（昭和63）年8月6日の
撮影で、同年10月の東
海道本線上り線高架化
を控え、上り線東側には
高架線が完成している。
5300系は5000系や
5200系の機器を再利用
して5700系と同じ構造
の車体を新造し、制御装
置に界磁添加励磁制御を
採用した車両で、4両組成
8本と2両組成5本の計42
両が製造された。
Ha

コラム 一宮と起を結んでいた路面電車　起線

　毛織物産業全盛期の頃、機業地である一宮市と尾西市（現・一宮市）を結ぶ路面電車が運行されていた。名古屋鉄道起（旧蘇東）線である。1953（昭和28）年6月1日に休止となり、翌54（昭和29）年6月1日にバス化により正式に廃止されてしまうが、昨今のような赤字が原因ではなく、乗客が多くなりすぎて小型の路面電車車両では運びきれないことが原因だった。

　路線を計画したのは地元資本による蘇東電気軌道で、当初は尾西鉄道に計画中の木曽川線の経由を働きかけたが実現せず、その代わりとして起街道に軌道を敷くこととして1922（大正11）年3月25日に会社が設立された。ちょうどその頃、名古屋鉄道（初代）が尾北地区を循環する路線計画を持っていたことから、1923（大正12）年11月1日に合併して名古屋鉄道により路線が建設されることになった。

　路線は1924（大正13）年2月1日に起〜一宮（後の八幡町）間5.3kmが完成し、蘇東線と名付けられた。命名の由来は、木曽川が岐蘇川とも呼ばれていたことにちなみ、その東の地であることによる。路線名は1948（昭和23）年5月16日に起線に改称されている。

　全線単線で、途中、尾張三条に行き違い場所があり、30分間隔で運転された。所要時間は24分であった。車両は名古屋電気鉄道が開業時に35両も製造した電動貨車から1920（大正9）〜21（大正10）年に4両を有蓋貨車化した台車や電機品を用い、1924（大正13）年1月に名古屋電車製作所で車体を新造したデシ100（後のモ40）形4両が使用された。車庫は尾張三条にあった。一宮側の起点は名鉄新一宮駅から300mほど離れていたため、1930（昭和5）年12月20日に当時は架線電圧が600Vであった尾西線と線路を共用して、新一宮駅に乗り入れている。新一宮駅で

は、駅舎寄りの専用ホームである1番線に発着した。

　戦時下では輸送力を高めるため、尾張中島と東洋紡績前（後の一宮病院前）に行き違い設備を増設した。車両も岐阜市内線から車体長9.8mもある元岐北軽便鉄道の大型単車モ25形3両（25,27,28。1951（昭和26）年に26も移籍）が入線した。しかし、戦後の糸へん景気の訪れと共に利用者数は急増し、小型の2軸単車では輸送力が不足して、休日ともなると始発の起で満員となって、途中の停留場は通過するような状況だった。こうした中、1952（昭和27）年12月14日に尾西線の架線電圧が1500Vに昇圧されることになり、新一宮駅の乗り入れができなくなり、八幡町が始発駅となった。

　輸送力を増強するにあたっても、起街道の幅員では複線化も大型車両の導入も難しかった。このため軌道を廃止して、当時、登場しつつあった大型ディーゼルバスに置き換えることとなったが、初のバス化のため、慎重を期してテスト運行を行うこととして、1953（昭和28）年6月1日に休止してバス輸送に切り替えた。その結果、所要時間が約2/3に短縮され、加えて運行本数も大幅に増加でき、さらに新一宮駅への乗り入れも再開されたことから、翌54（昭和29）年6月1日に起線は正式に廃止となった。起線のホームは起方面へのバス乗り場に転用された。

起線路線図

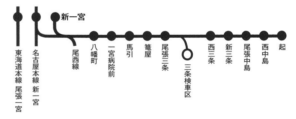

尾西線と線路を共用して新一宮駅に乗り入れていた頃の起線。車両はモ40形40。
1952.12頃
新一宮〜八幡町　Km

今伊勢・石刀駅

木曽川鉄橋を含む新一宮から笠松にかけては、1935（昭和10）年4月29日から始まった押切町～新岐阜間の直通運転に備えて建設された区間で、中でも新一宮から新木曽川の南までは国鉄東海道本線と並行している。この間には今伊勢、石刀の2駅が設けられていて、東海道本線と名鉄線の間にある上り線ホームは狭くなっている。

今伊勢で東海道本線を走るEF581牽引の普通列車と併走する3550系美合行準急。1961頃

国鉄尾張一宮の側線に停まる北陸鉄道6010系「しらさぎ」の横を走る5500系。6010系は北陸本線から山中温泉や山代温泉を結ぶ北陸鉄道河南線用として1963年に2両組成1本が製造されたクロスシート車。日本車両による初のアルミ合金製軽量車体による試作的車両であるが、電動機や台車など、主要機器は旧型車からの流用品である。1971（昭和46）年7月の全線廃止後は大井川鉄道に譲渡され、廃車後は2005（平成17）年8月にゆかりの地の「道の駅山中温泉ゆけむり健康村」に保存されている。1963.7　Si

東海道本線との並行区間を走る3850系の豊橋行特急。1955.8　Si

高架化前の新一宮駅北を走る。高架化に伴いオーバークロスしていた国道155号は地平に移された。1982.11.8　Ha

今伊勢駅
1935（昭和10）年4月29日に開業。1952（昭和27）年10月5日に移転し、現在地になった。駅舎は線路の西側にあり、現在は上りホームへは跨線橋で結ばれている。1967（昭和42）年2月22日に無人化されている。2005年（平成17年）3月のトランパス導入にあたり、小さな駅舎が設けられた。
1967.8.21　Kr

石刀駅
1935（昭和10）年4月29日に馬寄として開業。1941（昭和16）年2月10日に石刀と改称され、戦時中に一時休止となったが、1956（昭和31）年9月23日に復活している。2005年（平成17年）3月のトランパス導入にあわせて小さな駅舎が設けられた。1967.8.21　Kr

新木曽川南の旧国道22号との立体交差は手軽に俯瞰撮影ができる場所として、昔からの撮影名所である。東海道本線と並行していることから、運が良ければ併走風景を撮影することができた。現在は新木曽川駅との間に、東海北陸自動車道がオーバークロスしている。

東海道本線の快速列車と併走する7000系3次車の4連。東海道本線の列車は中京地区の修学旅行用に製造された159系で、修学旅行用として「こまどり」「わかあゆ」として使用された。1979（昭和54）年頃には153系や165系と共通運用され、この後オレンジとレモンイエローの修学旅行色は湘南色に塗り替えられた。1978.12.30　Ha

住宅が増えた10年後の同地点。車両は1982（昭和57）年からの第一次整備で特急専用車化された7031編成で、1000系パノラマスーパーの登場により1990（平成2）年6月までに特急車装備を解除されて、一般車化されている。1988.6.17　Ha

同地点を走る5000系6連とEF58の牽く長大な東海道本線の列車。
1961.5　Si

同地点を走る100系の試運転列車。日本車両で製造された新造車は、須ヶ口の新川工場に入り、西枇杷島〜新木曽川間で試運転が行われた。
1978.12.12　Ha

電車だけでなく、新川工場で検査をおこなっていた気動車も試運転で走行した。キハ8500系はキハ8000系に代わって1991年3月から2001年9月末まで、高山本線に直通する特急「北アルプス」として運転された。
1991.2.3　Ha

新木曽川・黒田駅

1935（昭和10）年4月29日の名岐線開通にあわせて開業。1948（昭和23）年5月に上り待避線が設置されている。1965（昭和40）年2月14日に駅舎が全焼し、翌年3月に2階以上がアパートになった鉄筋4階建ての駅舎が新築された。急行停車駅であったが、2008（平成20）年12月のダイヤ改正で急行が減便されたため、昼間帯は快速特急、特急が停車するようになり、コロナ禍における乗客減で急行が名鉄一宮駅折返しに変更されたことなどもあって、2023（令和5）年3月18日からはミュースカイを除く全列車が停車するようになった。

新木曽川駅駅舎。1967.5.21　Kr

新木曽川に到着する7500系の豊橋行急行。1977.8.1　Ha

新木曽川を発車する7000系の2連。1963（昭和38）年5月26日の運転で、東京で開催された国際かんがい排水委員会のために新岐阜～伊奈間で運転された。1963.5.26　Si

黒田駅付近を走るモ7665を先頭にした7500系4連。制御方式の異なる7500系は他形式と連結運転ができなかったことから中間運転台付きのモ7665とモ7566の2両が製造され、先頭車の事故や検査時に先頭にでることがあった。
1989.5.28　Ha

同地点を走る7500系7515編成（モ7515-モ7666-モ7665-モ7566-モ7565-モ7516）。中間運転台付きのモ7665とモ7566は3両目と4両目に組み込まれている。この編成の行先種別板は虫除け対策として試作された他車より一回り大きなものが取り付けられている。
1992.10.18　Ha

黒田駅

路線の全通から少し遅れ、1936（昭和11）年9月15日に開業。相対式ホームで1952（昭和27）年3月25日に無人化されている。2004年（平成17年）5月の トランパス導入にあわせ、小さな駅舎が設けられた。 1967.5.21　Kr

木曽川鉄橋のある木曽川堤に向けてカーブを曲がる7000系モ7014ほか6連。1977.6.21　Ha

黒田の北を走る指定席車の1000系パノラマスーパーと一般席車の5300系2連を併結した特急。1990（平成2）年の特急の運行方針変更により、10月29日から一般席車の1200系が出揃う1992（平成4）年11月24日のダイヤ改正まで見られた異種車両の併結運転である。1991.2　Ha

木曽川堤をすぎ、新木曽川に向けてゆるやかなカーブを加速する5500系の河和行急行。
1965.2　Si

同地点の7100系4連を先頭にした豊橋行急行。7100系はモ7050形7100番台として12両が製造された幅1300mmの両開扉をもつ中間車で、モ7001とモ7003の編成を特急専用車として4連化するにあたり、その中間車のモ7101〜04を抜き出し、1984（昭和59）年7月に日本車両でモ7101と7104に6000系8次車に準じた前面貫通路付で行先・種別表示幕付の運転室部分を取り付け、モ7101-7102-7103-7104の編成とした。1987（昭和62）年にモ7102とモ7103は再び7000系の中間車に戻され、モ7101-7104の2両組成として2009（平成21）年まで使用された。
1986.7.27　Ha

雪晴れの日、新木曽川に向けて築堤を登る5000系。
1965.2　Si

木曽川堤駅

雪晴れの木曽川堤駅に停まるク2501ほか。1965.2　Si

1939 (昭和14) 年3月1日開業。有人駅であったが1948 (昭和23) 年以前に無人化されている。2007 (平成19) 年3月14日にトランパスが導入され、小さな駅舎が設けられた。駅へは堤防道路から出入りした。1977.6.21　Ha

木曽川橋梁を抜けてきた7500系7519編成の特急豊橋行。1982 (昭和57) 年3月に特急専用車が登場するまでは、特急の行き先板のベース色は黄色だった。1977.6.21　Ha

木曽川橋梁上ですれ違う7000系の特急と7500系の急行。木曽川堤と東笠松の間に1934（昭和9）年11月に架橋された長さ481.7mの木曽川橋梁は、名岐間連絡の要である。木曽川橋梁の左岸には木曽川堤駅、右岸には東笠松駅があり、東笠松駅は街の中心に近いことから駅舎もあったが、利用者数の減少で1969（昭和44）年の無人化を経て、2005（平成17）年1月29日に廃止されている。1977.6.21　Ha

東笠松駅(廃止)

駅舎があった東笠松駅。1935（昭和10）年4月29日に開業しており、笠松町役場など、町の中心部には笠松よりも近かった。
1969（昭和44）年10月1日に無人化され、駅舎は撤去された。2005（平成17）年1月29日に廃止された。1967.8.2　Kr

東笠松を通過する3100系モ3104ほか。1997（平成9）年
から製造された3100系は、VVVFインバータ制御を採用した
3500系の後継車である3700系を2両組成としたもので、天井
や出入口扉の高さを上げて、車体断面が直線的な形状となって
いる。2005.1.15　Ha

東笠松駅のホームからは奈良津堤の桜並木が望まれた。
駅廃止後、ホームは撤去されている。
1994.4.9　Ha

お知らせ

平素より、名鉄電車をご利用いただきましてまことに
ありがとうございます。

永年に亘り当駅をご利用いただいてまいりましたが、
平成17年1月28日（金）の営業終了をもって廃止させ
ていただくこととなりました。

永年のご愛顧に心から御礼申し上げます。

平成16年9月

名古屋鉄道株式会社

東笠松駅の廃止案内　　2005.1.15　Ha

東笠松に到着する
6800系の各駅停
車。廃止直前の様子。
2005.1.15　Ha

雪の木曽川橋梁を渡る
7500系の岐阜行急行。
1965.2　Si

木曽川橋梁を渡り、東
笠松を通過する7500
系の新岐阜行急行。
1977.6.21　Ha

東笠松～笠松間

東笠松から笠松にかけての奈良津堤は、江戸時代からしだれ桜の名所だったが、樹勢の低下や伐採により、笠松町が1970（昭和45）年からソメイヨシノの植樹をして桜の名所となった。2003（平成15）年には「飛騨・美濃さくら三十三選」に選ばれている。

奈良津堤の桜と800系モ801-ク2311。築堤の下は田園であったが、この頃には笠松競馬場の駐車場になっていた。築堤の東側は笠松競馬場で、その観客席が見える。
1978.4.13　Ha

ほぼ同地点を走る7000系の特急改装車（白帯車）。植樹から15年が経って、ソメイヨシノの桜並木も見応えがある。
1985.4.9　Ha

1990年に特急の運行方針が変更され、1991年10月にパノラマスーパー1000系を分割し、岐阜方に1200系一般席車を連結した一部指定席特急の運転が始まり、速度も120km/hに向上した。1992.4.3　Ha

奈良津堤の桜並木をバックに走る「ミュースカイ」2000系。2005（平成17）年の中部国際空港開業を機に運行を始めた全車特別車の空港特急用「ミュースカイ」は当初3連で運転されたが、多客に対応するため中間車のモ2150形を組み込み、2006（平成18）年以降、4連化された。2006.4.9　Ha

ホームが撤去された東笠松駅跡を走る1000系＋1200系の一部指定席特急。2007.4.8　Ha

笠松を出発して木曽川橋梁に向かう5000系。東笠松駅と木曽川橋梁が見える。1961.5　Si

ほぼ同地点の7700系2連と7000系4連の岐阜行特急。ラッシュ時の増結用として、7700系は主に岐阜方に連結された。
1981.4.11　Ha

笠松を出発して奈良津堤の踏切に向かう7000系特急改装車（白帯車）。1982.4.4　Ha

笠松を出発した6000系の高速と笠松に向かう7000系特急改装車（白帯車）。6000系6035編成は7次車で、側窓が4次車までの連続固定窓から自然通風のため160mmだけ上昇する1段上昇式の独立した小型の開閉式ユニット窓に変更されている。豊橋行高速に使用されているが、6000系の最高速度は100km/hのため、運行には制約があった。この編成は2000（平成12）年に瀬戸線に移り、そこで2014年（平成26）年に廃車となった。
1986.4.12　　Ha

奈良津堤を越えて笠松に向かうモ3828-ク2828の岐阜行急行。この頃にはまだ、桜並木は見られない。
1961.5　Si

奈良津堤を越えて笠松に向かう7500系モ7504ほかの急行「谷汲」。2001年9月の谷汲線の廃止に際し、座席指定の岐阜行初詣特急だった「谷汲」のリバイバルトレインとして運行された。
2001.8.18　Ha

満開の奈良津堤の桜を眺めながら、笠松に到着する7500系の新岐阜行急行。1987.4.5　Ha

笠松駅

岐阜から笠松への路線は、岐阜地区に路線を巡らせていた美濃電気軌道の郊外線である笠松線として建設された。1914（大正3）年6月2日の広江～笠松口間開業当初の笠松口駅は、現在地よりも約0.7km南の町の中心に近い位置にあった。駅名は1916（大正5）年2月に笠松に改称し、同年10月に隣接地に移転。竹鼻鉄道の開業に伴い、1921（大正10）年6月25日に現在の西笠松駅の位置に移転し、竹鼻鉄道との共同使用駅となった。

美濃電気軌道は1930（昭和5）年に旧・名古屋鉄道と合併して名岐鉄道となり、木曽川に架橋して名古屋方面の路線とつながると、1935（昭和10）年4月29日に現在地に駅が設置され、新笠松と名付けられた。駅名は翌年5月に笠松と改称されている。

駅舎は1984（昭和59）年に改築され、跨線橋の設置で構内踏切は廃止された。
1983.4.9　Ha

竹鼻線ホームに停まる複電圧車の3600系。竹鼻線は1962（昭和37）年6月10日に1500Vに昇圧されるまでは、600V車で運行が行われていた。写真は昇圧直前の笠松駅で、複電圧車の3600系は新岐阜への直通急行に使用されていた。側線には、600V車の元尾西鉄道のデホ200形であるモ200形が停まっている。
1962.6　Si

1962（昭和37）年の笠松
駅を走る名古屋本線列車。
上から6連時代の5000系、
5000系急行と行き違う
5500系特急、登場直後で
逆富士形行先種別板が取り
付けられる前の7000系。
1962.4〜6　Si

岐南(前・境川)駅

美濃電気軌道が笠松線開業時の1914（大正3）年6月2日に境川として開業。1980（昭和55）年9月20日に本線のスピードアップと普通列車増発のため、下り待避線を持つ駅として南側約150mの位置に移転し、岐南町の玄関駅となるべく、駅名も「岐南」と改称された。これに伴い、同日から1990（平成2）年10月28日まで準急が停車していた。

1992（平成4）年11月22日に上り待避線も新設され、現在は通過線2線をはさんだ新幹線スタイルの相対式ホームの2面2線の駅となっている。2005（平成17）年に駅集中管理システムが導入された。

岐南駅の建設予定地を走る7000系岐阜行高速。1980.4.16　Ha

境川に到着する5500系2連の竹鼻線直通列車。岐南に移転するまでの境川は、ホームが2両分しかなく、名岐線で直通運転が始まった頃の様子を留めていた。1980.4.16　Ha

岐南駅開業式のテープカット。同時に上下ホームを結ぶ公共地下道も開通した。
1980.9.20　Ha

上り線に待避線がなかった頃の岐南駅。現在は上下線に待避線がある。
1980.9.21　Ha

笠松〜岐南間を走るモ800形 ＋3800系 の3連。モ800形の両運転台車はモ809、810の2両であったが、三河線や八百津線などの閑散路線で単行運転を行うため、1981（昭和56）年にモ802及び連結面に運転台跡の残っていたモ3500形の3502,03,05の3両を両運転台化改造してモ811〜14としている。写真のモ814はモ3505からの改造である。
モ814＋モ3833-ク2833
1983.4.9　Ha

春の境川を渡る7000系。河川改修が行われておらず、堤防に桜と菜の花が咲き乱れる光景は、まさに童謡の「春の小川」を彷彿とさせてくれる。1998.4.5　Ha

茶所・加納駅

茶所は美濃電気軌道が笠松線広江～笠松口間開通時の1914（大正3）年6月2日に開業。笠松線は美濃電気軌道初の鉄道線であったが、路面電車の延長のような位置づけで、広江から笠松口までの4.4kmの間に安良田町、茶所、下川手、境川、八剣の5駅があった。

茶所には1956（昭和31）年12月28日に検車区が新設され、岐阜方面の運用拠点となった。

茶所南の境川から新岐阜までは連続立体交差化する予定があり、2022（平成3）年2月に高架化事業の認可を得て、2036年度の完成をめざして工事が進められることになっている。現在の犬山検査場茶所検車支区は地平のまま残され、高架線と斜路で結ぶ計画となっている。

茶所駅駅舎。撮影後の1967（昭和42）年12月1日に無人化されている。2005年（平成17年）12月の 駅集中管理システム導入に伴い、小さな駅舎が設けられた。1967.4.30　kr

新設直後の茶所検車区。3900系と5000系が並ぶ。現在は構内に給水設備や汚物処理装置があり、トイレを装備する特急車の列車検査も担当している。1958.2　Si

加納駅

安良田町として1914（大正3）年6月2日に開業したが、戦時下の1944（昭和19）年頃に休止。1958（昭和33）年1月10日に島式のホームで復活し、町中にあることから1990（平成2）年10月の改正までは準急が停車していた。加納～茶所間の駅間距離はわずか400mである。1985（昭和60）年2月16日に無人化され、2005（平成17）年の駅集中管理システム導入に伴い、小さな駅舎が設けられた。なお、この加納駅は2代目で、初代の加納駅は新岐阜～広江間の東海道本線南のあたりに1914（大正3）年12月26日に開業したが、1937年～1942年頃に廃止されている。
1967.4.30　Kr

広江駅（廃止）

新岐阜と加納の中程、旧中山道との踏切に位置し、1914（大正3）年6月2日の笠松線の開業時は東海道本線の跨線橋が完成していなかったことから、ここが起点だった。跨線橋が完成して新岐阜までの笠松線が全通するのは同年12月26日である。2両の短いホームは道路を挟んで対角線に配置され、乗車券売り場は道路に面してあった。加納駅、新岐阜駅との距離はわずか400mしかなく、1968（昭和43）年1月7日に廃止となった。1968.1　撮影：Si

旧中山道に面してあった乗車券販売所。1967.4.30　Kr

廃止直前の広江駅。ホームが2両分しかなく、名岐線で直通運転が始まった頃の様子を留めていた。
1968.1　Si

新岐阜（現・名鉄岐阜）駅

美濃電気軌道初の鉄道線である笠松線の起点であるが、東海道本線を跨ぎ越す跨線橋の建設が遅れたことから、既に開業していた広江との間0.7kmの開通は約半年遅れの1914（大正3）年12月26日となった。なお国鉄岐阜駅は、東海道本線の移設により1913（大正2）年7月22日に現在の名鉄岐阜駅付近から現在地に移転したばかりであり、建設の遅れもそれに起因するのかもしれない。開通時は茶所まで複線であったが、その後、跨線橋部分は単線化されている。

当時の新岐阜駅は東海道本線を越してR80の曲線で33‰の勾配を下った現在の国道157号と長良橋通り（神田町通り）との交差点付近にあり、1面2線の短

1957（昭和32）年に竣工した新岐阜駅ビル。新岐阜百貨店が入店していたが、2005（平成17）年12月28日に新岐阜百貨店は閉店し、駅ビルは老朽化で解体され、2007（平成19）年7月14日には新駅舎が完成している。1967.8.2　Kr

当初は1階にあった切符売り場。2階のホームにはエスカレータであがった。1970（昭和45）年11月15日に駅ビルが増築されて、新駅舎での使用が開始されている。1963.10　Si

1965（昭和40）年9月15日改正で始まった名古屋への26分運転を告知する新岐阜駅の看板。歩道上には1967（昭和42）年秋に開通した神田町通りをわたる地下横断歩道の入り口がある。1968.6　Si

4両ホーム時代の新岐阜駅3番線に到着する3500系　モ3505-ク2836。ク2836は1954（昭和29）年に半田の輸送機工業で1両だけ製造された異端車だった。1965.3.5　Hi

い島式ホームがあって北側の路線は市内線につながっていた。この駅は1935（昭和10）年4月の名岐間直通運転時にも使用されていたが、急曲線と急勾配に加え拡張の余地がないことから、1948（昭和23）年の東西直通運転に先立ち現位置に盛土高架式の新駅を建設。4月18日に開業し、各務原線の長住町と統合した。

　次の大きな変化は、1957（昭和32）年の新岐阜駅ビルの竣工と線路増設である。3月5日に新岐阜百貨店の入る新岐阜駅ビル竣工にあわせて新駅舎が開業し、9月13日には1番線が増設され、隣の広江駅までの複線化と同時にR100の急曲線がR160に緩和された。しかし、東海道本線を乗り越す部分は単線のままであり、東海道本線が高架化された現在も変わっていない。駅南には岐阜乗合のバスターミナルが設けられ、駅前の神田町通りを走る路面電車の岐阜市内線とあわせて岐阜地区の交通の一大結節点となった。1970（昭和45）年11月15日に駅ビルが増築されて新駅舎での使用が開始され、1988（昭和63）年5月27日には4両ホームだった3,4番ホームが8両に延伸されると共に、東口の駅舎が開設されている。

　しかし、国鉄分割民営化前の1986（昭和61）年11月1日のダイヤ改正で快速、普通電車が大幅に増発され、さらに1989（平成元）年7月のダイヤ改正で時速120km/hで走る新快速が運転されると所要時間はJRが圧倒的に優位となり、さらには名古屋〜岐阜間に特定運賃が適用されて運賃面でも安価になったことから、利用者はJRにシフトした。86,000人／日あった利用者は減じて1990年代半ばにJRと逆転し、35,000人／日ほどに激減した。こうした中、2005（平成17）年1月

29日には、空港線開業に伴い新名古屋などとあわせて駅名が「名鉄岐阜」に改称され、2005（平成17）年4月1日には駅前を走っていた岐阜市内線も廃止された。12月28日に新岐阜百貨店は閉店して駅ビルは解体され、2007（平成19）年7月14日には新駅舎が完成している。また、路線バスも2007（平成19）年3月29日にJR岐阜駅北口にJR岐阜駅バスターミナルが完成したことで、高速バスを除く路線がJR岐阜駅前を経由するように変更されている。

3線時代の新岐阜駅に停車する3550系を先頭にした豊川稲荷行準急。このあと、1957（昭和32）年9月13日に1番線が増設された。1957.2　Si

1番線が新設され2面4線となった新岐阜駅。この頃、1,2番線は6両ホームであったが、1967（昭和42）年からの7500系の8両化までに8両に延伸されている。
1962.12　Si

3番線に停車するデニ2000形2001＋モ809の荷物列車。デニ2000形は愛知電鉄が1926（昭和元）年に製造した全鋼製車デハ3090形3090の車体を1953（昭和28）年に半鋼製車体に載せ替えた荷物専用の車両で1969（昭和44）年に廃車になった。デニ2000形はHL制御車で通常は単独運行であるが、この時はAL車のモ800形と連結されている。
1963.7　Si

新岐阜駅を発車する3500系モ3503-ク2503＋3600系のAL車4連の河和行急行。左側の東海道本線を跨ぐ国道157号の東陸橋の道路は、かつてはこのあたりで交差して線路の東側を加納陸橋で渡って旧新岐阜駅に向かっていたが、1956（昭和31）年5月15日に新橋が架橋され、旧新岐阜駅までの線路跡を道路化している。
1958.9.20　Hi

同地点の5000系6連。東陸橋はJRの岐阜駅周辺の高架工事のため、1986（昭和61）年にトラス部分が撤去され、東海道本線、高山本線の高架化工事の完成に伴い1999（平成11）年に陸橋が撤去されている。
1958.9.20　Hi

1996（平成8）年2月26日に高架化された東海道本線をくぐって新岐阜駅に到着するキハ8500系。地平時代の東海道本線を乗り越えていた鉄橋の単線部分は、そのまま残されている。高山本線に乗り入れる特急「北アルプス」用キハ8500系を使った新岐阜から常滑への全車指定席（特別車）の特急504Dの運転は1997（平成9）年4月5日に始まり、2001（平成13）年9月30日まで続けられた。
2001.9　Ha

第2章
津島線
【須ヶ口〜津島間】

　1912（大正元）年に一宮、犬山への路線を開業させた名古屋電気鉄道が、続いて開業したのが津島線である。1914（大正3）年1月23日の開業で、津島を目指したのは全国天王信仰の中心地である津島神社の参拝客輸送や紡績業で繁栄した尾張西部の中心都市である津島の輸送需要が大きかったためだろう。水田地帯だった沿線も、昭和30年代以降、名古屋への通勤路線として住宅が増え、1981（昭和56）年1月から朝ラッシュ時に8両運転も始まっている。

勝幡〜藤浪間で日光川の鉄橋を渡る3400系の森上行急行。蒲郡発で蒲郡線、西尾線、名古屋本線を経て津島線を急行で走り、津島で折り返して尾西線を森上まで各駅停車で運行した。1979.9.16　Ha

■ 津島線小史

名古屋鉄道の前身である名古屋電気鉄道は、路面電車事業市営化の議論の高まりと郊外電気鉄道が有望な事業と見込まれたため、1906（明治39）年に津島、一宮への路線を申請し、名古屋市郊外への進出が具体化した。こうして名古屋電気鉄道最初の郊外線（郡部線）として、1912（大正元）年8月6日に一宮線・枇杷島～西印田間と途中の岩倉で分岐して犬山に至る犬山線が開業したが、津島への路線は申請段階では他の線区より先行していたものの、河川が多い地域であることから用地買収と橋梁材製作に手間取り、開業は1年半遅れた1914（大正3）年1月23日にずれ込んでいる。郊外3線の開業で、同年3月14日には開通祝賀式が岩倉、犬山、新津島駅で催されている。

津島線は名古屋と津島を結ぶ主要な街道だった美濃路（枇杷島橋～須ヶ口）と津島上街道（須ヶ口～津島）に沿って敷設された。当初から全線複線で、津島の駅は既存の尾西鉄道の駅の東南約200mの位置に新津島駅として設けられた。運行は20分間隔で、ターミナルである柳橋から津島までの所要時間は53分であった。1914（大正3）年9月22日には須ヶ口で分岐して清洲に至る清洲線1.8kmが開業する。枇杷島橋から丸之内までの区間は、後に岐阜を結ぶ名岐線の一部となり、津島線は須ヶ口～津島間の11.8kmとなった。

大都市である名古屋への所要時間が短い津島線の開業は、尾西鉄道の経営に大きな影響を与えた。結果として1925（大正14）年8月に尾西鉄道は鉄道事業を名古屋鉄道に譲り渡すことになる。合併に伴い、乗換の便宜を図るため、尾西線津島駅の隣接地に乗換ホームが設けられている。1931（昭和6）年には津島神社への駅前通

り全通に伴い、その正面に両駅を統合した駅舎が設けられ、ふたつに別れていた駅は統合された。

1948（昭和23）年5月には名岐線、犬山線などとともに架線電圧が1500Vに昇圧されている。一方、尾西線は遅れて1952（昭和27）年12月に1500Vに昇圧されるが、同時に運転系統が変更され、津島～弥富間は津島線と一体となって運行されるようになった。

以後、津島線の運行は普通列車が中心で、名古屋本線東部方面の普通列車と連携して運行された。急行や準急などの優等列車は朝夕のみで、運行は時代により異なるが、津島～須ヶ口間無停車で栄生に停車した急行は最速時に津島～新名古屋間を19分、普通列車は同区間を32分で運行した。こうした運行形態が大きく変わるのが1965（昭和40）年12月15日の特急運転開始で、昼間帯に5往復運転された特急は津島～新名古屋間を、途中、須ヶ口のみに停車し、18分で運行した。特急重視の運行方針によって津島線の特急は本数を増加し、1968（昭和43）年5月12日には尾西線からの直通列車2本/時を含め、特急は4本/時運転となった。この間、1967（昭和42）年12月17日に津島駅の津島線ホームが高架化され、尾西線の佐屋ま

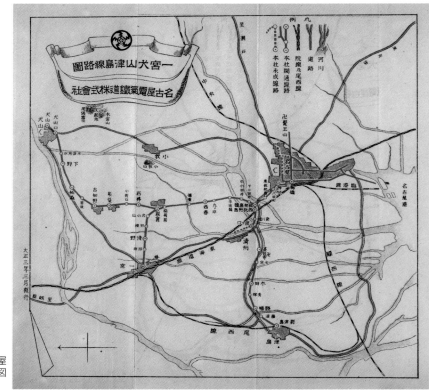

津島線開業時の名古屋
電気鉄道郡部線路線図
1914（大正3）年3月

でが複線化されている。

しかし、特急は須ヶ口〜津島間無停車で、甚目寺など途中駅は2本/時の普通列車しか停まらず、特急通過駅からは不満の声が多かった。こうして過度な特急重視の方針が見直されて急行が復活し、津島線では1974（昭和49）年9月16日から3本/時あった特急が1本/時と急行が1本/時となり、1975（昭和50）年9月16日改正で特急の急行化が行われ、優等列車は急行が1本/時のみの運転となった。さらにこの急行も1982（昭和57）年3月20日限りで廃止され、朝ラッシュ時を除き普通列車のみになってしまうが、翌1983（昭和58）年3月18日のダイヤ改正で昼間帯に佐屋行急行が1本/時復活し、1989（平成元）年7月15日から一部時間帯は2本／時運転となった。（1993（平成5）年8月12日津島行に変更）1981（昭和56）年1月には朝ラッシュ時に8両運転もはじまっている。

一方、座席指定特急は高山本線に直通していた急行「北アルプス」用のキハ8000系気動車を使い、1973（昭和48）年11月12日から豊橋〜津島間で夕方に片道運転された。これは甚目寺に給油設備があったことに関係している。このため1975（昭和50）年9月16日からキハ8000系気動車の運用が犬山線に変更されると時刻を変更して神宮前〜津島間で運転され、1985（昭和60）年3月以降は電車による運行となった。本格的な運転は1992（平成4）年11月24日からで、西尾線直通特急を延長し、8800系パノラマDX（デラックス）、後には1600系により1本/時が佐屋〜吉良吉田間（後に西尾）間で運転された。1999（平成11）年9月16日に下り列車の急行運転が再び廃止され、津島方面は特急を除くと全列車普通列車になった。

こうして昼間帯は上りが特急1本、急行1本/時、下りが特急1本/時が運転された。しかし、新名古屋までの距離が短いことから座席指定特急（1999（平成11）年から全車特別車特急）の利用者は伸びず、2005（平成17）年1月29日に昼間帯の特急が廃止となり、快速急行化が行われている。さらに2008（平成20）年6月には特急が全廃となった。特急は一部特別車として同年12月に夕方〜夜間の下り列車で復活するが、快速急行、急行は準急に種別変更され、さらに運行時間も夕方〜夜間の上り列車のみに短縮されている。現在、急行は平日朝の下り1本だけとなっている。

時間あたり4本の特急が運転された1968（昭和43）年5月12日ダイヤ改正の津島線時刻表。（部分）

開業時の津島線で活躍したデシ500形。
1918（大正7）年
藤浪付近
所蔵：津島市立図書館

甚目寺駅

路線の開通にあわせ、1914（大正3）年1月23日に開業。尾張四観音のひとつである甚目寺観音の最寄り駅であると共に、2010（平成22）年に七宝町、美和町と合併し、「あま市」になった元・甚目寺町の玄関駅。名古屋に近いことから住宅が多く、利用者数は津島に次ぎ、津島線で2番目である。

戦時中に造成された清洲飛行場（甚目寺飛行場）へ土砂を輸送するため北側に貨物用の側線がつくられ、廃車車両の留置場所を経て、1965（昭和40）年からは高山本線に乗り入れる「たかやま」（後に「北アルプス」）号用気動車の給油基地となった。2001（平成13）年10月の特急「北アルプス」号廃止後、給油設備は撤去されたが、現在も留置線として機能している。

開業の翌年に建築された木造の駅舎は1975（昭和50）年10月に改築され、2011（平成23）年3月26日には

北口に駅舎も設けられた。夕方に運転される特急始め、全列車が停車する。

開業の翌年に建築された木造駅舎。1975（昭和50）年に改築された。1967.7.27　Kr

甚目寺の須ヶ口寄りを走る3900系の津島経由森上行急行。西尾・蒲郡線と結んで時間あたり1本が運転され、1974（昭和49）年9月から1年間は特急だった。津島を経て、尾西線森上への直通列車は1982（昭和57）年3月に廃止された。1976.12.7　Ha

清洲飛行場建設のため甚目寺駅北側に設けられた土砂輸送用の側線は、昭和30年代は廃車車両の置き場になっていた。2292の番号の車両は、三河鉄道が1936（昭和11）年に製造したガソリンカーのキ50形で、戦後は機関を降ろして附随車化され、サ2290形を経て1953（昭和28）年にはク2290形として制御車化されていた。このあと、北恵那鉄道へ譲渡されク80形となった。
1963.8　Si

側線留置中のモ354、モ204ほか。モ354は名古屋電気鉄道が郡部線用に1920（大正9）年に製造した初のボギー車である1500形。モ204は尾西鉄道が全線電化時の1923（大正12）年の全線電化にあたり製造したデホ200形。
1962.7　Si

側線に留置中のク2290形2291、モ350形。ク2291はク2292とともに北恵那鉄道に譲渡されている。
1963.8　Si

甚目寺～七宝間を走るモ
3826-ク2826＋モ3827-
ク2827の3800系4連。
3800系が富山地方鉄道への
譲渡や7300系に車体更新さ
れるなかで、残った車両のう
ちクロスシートの3800系は
ストロークリームに赤帯の
塗装だったが、モ3826の編
成はロングシートで、唯一グ
リーンの塗色で異彩を放っ
ていた。現在は、この付近に
名古屋第二環状自動車道が
建設されている。
1976.12.7　Ha

毛織物工場の煙突や三角屋根が見
える甚目寺付近を走る3730系。
1976.12.7　Ha

甚目寺の側線で給油中
のキハ8000系。1982
（昭和57）年3月までは
特急「北アルプス」の
運用後、神宮前から座
席指定特急で犬山に1往
復し、津島まで座席指定
特急193Dで運行。そ
の後、1985（昭和60）
年3月までは神宮前から
津島まで393Dで運行
後、甚目寺まで回送され
て給油され、翌日に備え
た。
1981.4.4　Ha

特急「北アルプス」号としての運行最終日、甚目寺で給油中のキハ8500系。キハ8500系の末期は午前中に須ヶ口から回送で到着し、給油後、須ヶ口経由で新岐阜まで回送され、全車指定席（特別車）の特急として常滑まで往復し、神宮前から特急「北アルプス」号として運転されていた。2001.9.30　Ha

給油のため、甚目寺の西で折返し、側線に入るキハ8500系。2001.9.30　Ha

七宝・木田・青塚駅

いずれも1914（大正3）年1月23日の路線開通にあわせて開業した。

七宝駅

江戸末期からこの地で製造された七宝焼きにちなむ駅名で、町名にもなっていたが、町の中心はかなり離れた南側にある。七宝町は2010（平成22）年に隣接する甚目寺町、美和町と合併し「あま市」になった。1952（昭和27）年3月25日に無人化されたが1961（昭和36）年10月15日に業務委託駅として駅員が配置され、駅集中管理システムの導入により2005（平成17）年7月に無人化された。同時に駅を改築している。甚目寺～七宝間には新居屋駅があったが、1944（昭和19）年に休止、1969（昭和44）年に廃止されている。1967.9.2　Kr

木田駅

2010（平成22）年の合併により「あま市」となった旧美和町の中心駅。開業当初は現在地の西方200mのところにあったが、半年後に現在地に移転した。南北2箇所に駅舎があり、北口の駅舎は開業時のままだったが2018（平成30）年に改築。南口の駅舎は2010（平成22）年12月1日に新設されている。両ホームを結ぶ跨線橋は、1981（昭和56）年9月に設けられた。夕方に運転される特急を始め、全列車が停車する。2023（令和5）年12月23日から終日無人駅となった。1967.9.2　Kr

七宝駅に停車するモ3300形（モ3301＋モ3309-ク2302）。モ3300形は愛知電鉄が豊橋開通に備えて1928（昭和3）年に製造した最初の18m車体で半鋼製の大型車デハ3300形で、1930（昭和5）年に運転を開始した超特急「あさひ」号にも使用された。1500Vの架線電圧で駆動するHL制御車で、1966（昭和41）年に車体が北陸鉄道に譲渡され、機器はモ3770形等に再利用された。1961.6　Si

青塚駅

駅は津島市に位置するが、すぐ北にある津島上街道以北は「あま市」である。周囲には田園が残り、利用者数は津島線で最も少ない。2005年（平成17）年のトランパス導入時に無人化され、1977（昭和52）年に建てられた2代目駅舎も建て替えられた。
1967.9.2　Kr

初夏の青塚〜勝幡間を走る3700系＋3730系の4連。（ク2716-モ3716＋ク2750-モ3750）モ3716編成は昭和40年代初めに運転台が嵩上げされている。都市化が進む津島線沿線だが、青塚駅の前後には水田が広がっている。
1978.6.14　Ha

津島線を走る8800系パノラマDX。1984（昭和59）年に犬山と南知多を結ぶ観光特急として運行を始め、1992（平成4）年に座席等を改装して津島と西尾を結ぶ特急に転用され、2005（平成17）年に廃車となった。
1999.5.22
青塚〜勝幡　Tk

勝幡駅

　愛西市に合併される前の佐織町の玄関駅で、1914
（大正3）年1月23日の開通に伴い開業。南北2箇所に駅
舎があるが、1925（大正14）年1月に建てられた北口駅
舎は2014（平成26）年に改築されるともに、3月2日に
南口にも駅舎が設けられ、3月24日に完工式が行われ
た。跨線橋は1983（昭和58）年2月に設けられている。
夕方に運転される下りの特急をはじめ、全列車が停
車する。2005年（平成17年）7月のトランパスの導入に
よる駅集中管理システムで無人化された。

　織田信長が生まれたとされる勝幡城は駅近くの北
北西にあり、推定復元模型が駅前の建物に展示され
ている。

2014（平成26）年に建て替えられた旧駅舎。1967.9.2　Kr

勝幡に停車する3800系の蒲郡
行急行。撮影時の1961（昭和
36）年、上り列車としては朝夕
にのみ2本運転されていた急行
で、名古屋本線内も急行として
走り、今村（後の新安城）からは
各駅停車となって蒲郡に向かっ
ていた。
1961.6　Si

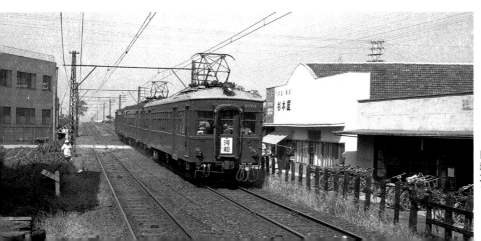

日光川の鉄橋を過ぎて勝幡に到
着するモ3300形（モ3301＋モ
3309-ク2302）の3連。
1961.6　Si

日光川の鉄橋を渡る3900系（モ3903編成）。森上発で津島で方向を変え、蒲郡行の急行として運行していた。1976.12.6　Ha

同地点のHL車3730系（モ3753編成）。この頃、昼間帯の普通列車は、AL車あるいはHL車の2連だった。日光川の鉄橋は、2002（平成14）年の勝幡〜津島間高架化に伴い架け替えられている。
1979.9.16　Ha

日光川の鉄橋に向かう850系2連。木曽三川の向こうの養老山地の山並みが連なる。この付近は、2002（平成14）年の勝幡〜津島間高架化に伴い高架化されている。
1979.9.16　Ha

養老山地に沈む夕陽に側面を輝かせる6000系登場時の試運転列車。津島線でも試運転が行われ、1976 (昭和51) 年12月の営業
開始の一番列車も津島発だった。勝幡～藤浪　1976.12.6　Ha

花菖蒲咲く津島線を走る3550系2連の森上行急行。蒲郡発で西尾・名古屋本線を経由しての運転であったが、AL車2連で走るときも多かった。撮影は勝幡と藤浪の間で、ここも2002（平成14）年に高架化されている。1978.6.14　Ha

藤浪駅

　1914（大正3）年1月23日の開通に伴い開業。開業前の計画図には諏訪と記されているが、直前に藤浪と変更された。有人駅だった時代もあるが、戦後無人駅となった。津島線の中でも利用者数が最も少なかったが、2018（平成30）年に南側に清林館高校が移転し、その最寄り駅となったことから増加し、現在では青塚や勝幡よりも多い。1996（平成8）年に駅員が配置さ

れたが、2005（平成17）年7月の駅集中管理システム導入で無人化されている。平成14（2002）年7月13日に津島〜勝幡間2.2kmの高架化工事が完成して高架駅となり、駅前広場も設けられた。

　藤浪〜津島間には、1915（大正4）年7月24日に開設された津島口駅があったが、戦時下に休止となり、1969（昭和44）年4月5日付けで正式に廃止されている。

高架化された藤浪に到着する7000系。2008.4.29　Tk

津島駅

　津島における駅の開設は1898（明治31）年4月3日の尾西鉄道弥富〜津島間開業時で、名鉄では佐屋とともに最古の駅である。尾張西部の中心都市であった津島は、関西鉄道が建設されるにあたり津島を経由するよう働きかけたが実現せず、弥富〜津島〜一宮を鉄道で結ぶべく設立されたのが尾西鉄道である。1894（明治27）年2月に敷設免許を申請し、1896（明治29）年10月に敷設免許を得ている。津島には本社のほか、機関庫や車庫が設けられており、尾西鉄道の拠点駅だった。尾西鉄道の株主はほとんどが地元住民という地域色の強い会社だった。名鉄の前身である愛知馬車鉄道の設立にあたって中心となったのも尾西地区の名望家であり、鉄道の企業化を進めることができたのは、江戸時代まで川湊として栄え、明治以降は紡績業の発展で、この地域に相当の財力や先見性があったことが伺える。

　1914（大正3）年1月23日に名古屋電気鉄道が津島線を開業すると、尾西鉄道の駅の東南約200mの位置に新津島駅が設けられた。津島線の開業により尾西鉄道は大打撃を受け、1925（大正14）年8月に名古屋鉄道に吸収合併されることになる。合併により津島線側には乗換用のホームがつくられ、乗換客の便宜が図られた。1930（昭和5）年に駅前に伸びる天王通りが完成すると，翌1931（昭和6）年10月に旧尾西鉄道と名岐鉄道の新津島駅を一体化した新しい津島の駅舎が竣工した。

　1967（昭和42）年から翌年にかけて、尾西線と津島線の津島駅前後の1.6kmが高架化され、あわせて1967（昭和42）年12月17日には尾西線津島〜佐屋間が複線化された。高架化工事に伴い、1964（昭和39）年には貨物営業が日比野に移され、1966（昭和41）年4月18日には東駅舎が閉鎖されている。

　高架化された津島駅は在来駅の東側に建設され、地上時代は2面4線で貨物用のホームや留置線もある広い構内が1面2線のコンパクトな配線となった。かつての駅用地は駅ビル、バスの乗り場や営業所に転用され、2階建ての駅ビルにはスーパーが入店した。以来、津島駅自体には大きな変化はないが、駅ビルからスーパーは撤退し、また、バス路線の縮小で1997（平成9）年にバス営業所も移転するなど、賑わいはやや乏しくなっている。

新津島駅駅舎（左側）。1928（昭和3）年5月16日新津島駅頭の済南時変応召軍人の見送り。所蔵：津島市立図書館

津島線ホームが高架化され、地平時代の最後の頃の津島駅駅舎。1968.5　Si

高架ホームから見た津島駅駅舎。通路右手には尾西線のホームがある。1968.5　Si

津島駅の変遷 (作図:田中義人)

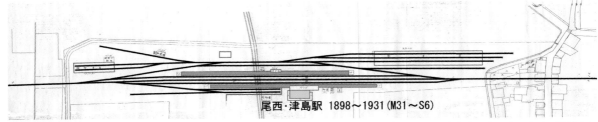

尾西・津島駅 1898〜1931（M31〜S6）

1898（明治31）年に開業した尾西鉄道津島駅。機関庫と客車庫は津島駅にできたが、転車台は弥富と一宮にあるため、設置されていない。

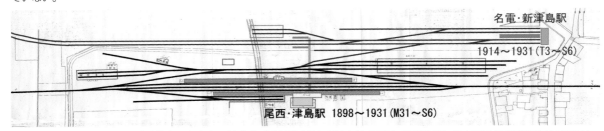

名電・新津島駅

1914〜1931（T3〜S6）

尾西・津島駅 1898〜1931（M31〜S6）

1926（大正15）年の旧尾西鉄道津島駅と名古屋鉄道（初代）新津島駅。1914（大正3）年1月23日に名古屋電気鉄道津島線が開通し、新津島駅が開業。1925（大正14）年の尾西鉄道の合併により、乗換の便を図るため、津島線にホームが設けられた。

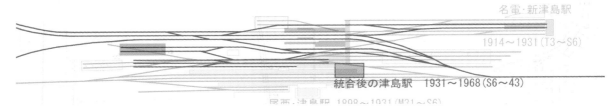

名電・新津島駅

1914〜1931（T3〜S6）

統合後の津島駅 1931〜1968（S6〜43）

尾西・津島駅 1898〜1931（M31〜S6）

1931（昭和6）年に統合後の津島駅。駅前通りの新設により、その正面に新しく駅舎がつくられた。

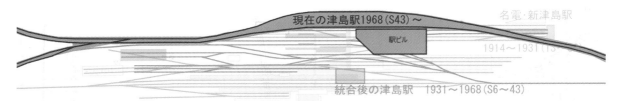

現在の津島駅1968（S43）〜

駅ビル

名電・新津島駅

1914〜1931（T3

統合後の津島駅 1931〜1968（S6〜43）

1968（昭和43）年に高架化後の津島駅。1967（昭和42）年12月17日に津島線と尾西線（津島以南）が高架化（同時に津島〜佐屋間を複線化）。1968（昭和43）年5月6日に尾西線（津島以北）を高架化し駅付近1.6kmの高架化が完成。1968（昭和43）年9月3日に新駅舎・駅ビルが完成している。

高架化され、駅ビルも完成した津島駅。1969頃　Kr

1965（昭和40）年12月15日から運転を始めた名古屋直通特急を告知する駅ホームの看板。「特急（暖房車）新設・新名古屋←18分→津島」「停車駅・弥富・佐屋・津島・須ヶ口・新名古屋・金山橋・神宮前」と記されている。1965.12　Si

地平時代の尾西線ホームに停車するモ3300形＋モ1080形2連の尾西線列車。モ1080形は三河鉄道が1926（大正15）年の電化に際して8両を新造した木造車で、当初はクロスシートだったが戦時中に3扉ロングシート化されている。1962.8　Si

高架化翌年の1969（昭和44）年6月1日に津島駅に設置された名鉄初の定期券自動改札機。穿孔（せんこう）による光学読取り式で定期券専用だった。光学読み取り式の自動改札機は翌年11月に新岐阜駅にも導入されたが、その後の技術革新で磁気式自動改札が主流になったため2駅のみの設置で終わり、昭和50年代に撤去された。所蔵：津島市立図書館

津島線に入線した7000系パノラマカー。1967（昭和42）年に3次車として4連5本が増備されたことで駅の有効長が短い支線系統への運転が可能になり、同年4月10日から津島、尾西、西尾、蒲郡線などでのパノラマカーの運転が開始された。1967.5　Si

津島駅ホームで行われた6000系の「暁の出発式」。名鉄の高性能車としては初の3扉通勤車の6000系が1976（昭和51）年12月に登場し、津島線に真っ先に投入された。当時、名鉄電車の大半は2扉車だったので、高性能の3扉車は通勤輸送に威力を発揮した。運行開始にあたり、早朝の津島駅で津島市長ほかが出席して出発式がおこなわれた。
1976.12.21　Ha

高架化された津島駅に到着する1985（昭和60）年に増備された6000系2両組成10次車のモ6250＋ク6050。6000系は6500系の登場にあわせ、前年製造の9次車から前面非貫通のデザインに変更されている。続く2両組成は省エネのため、界磁添加励磁制御方式を採用した6800系に移行するので、6000系としては最終の増備車である。津島線ホームは1面2線しかないので、尾西線列車は折返しにあたり、日比野まで回送されることがある。
2009.6.2　Ha

津島駅ホームに到着する3500系。津島駅前後1.6kmの高架化は1968（昭和43）年5月3日に行われた。駅ビルの建物は変わらないが、入居していたスーパーは撤退してしまっている。
2009.6.2　Ha

第3章
尾西線
【弥富～津島～新一宮(現・名鉄一宮)～玉ノ井間】

　尾西線の歴史は古く、弥富～津島間は尾西鉄道により1898 (明治31) 年4月3日開通と名鉄では最も古い歴史を持つ。尾西鉄道では、一宮を経て木曽川畔の木曽川橋や名古屋進出を目指して一宮～国府宮間の中村線建設など積極的な路線展開を行ったが、利用者が伸びず、1925 (大正14) 年8月に名古屋鉄道に事業が譲渡された。路線長は30.9kmで、現在の運行は弥富～津島間、津島～名鉄一宮間、名鉄一宮～玉ノ井間と3分割されている。

尾西線開業100周年で運転された記念列車。3100系モ3215ほか。1998.4.3　苅安賀　Ha

■尾西線小史

尾西線の開業は、現在は関西本線となっている関西鉄道と関係が深い。関西鉄道が四日市～桑名間（1894（明治27）年7月5日開通）に続き、桑名～名古屋間を延長するにあたり、地元では尾西地方発展のために津島経由を働きかけた。しかし、同鉄道は草津～名古屋間を最短距離で結ぶことを目的としたため、実現せず、地元の名望家は弥富から津島を経て官鉄東海道線一ノ宮停車場に連絡する軌間2呎6吋（762mm）の軽便鉄道を計画し、1894（明治27）年2月に出願した。

1896（明治29）年1月に仮免許を得たが、それには「将来政府ニ於テ必要ト認ル場合ニハ、相当ノ期限ヲ定メ制規ノ幅員3呎6吋ニ改築セシム可シ」とあり、

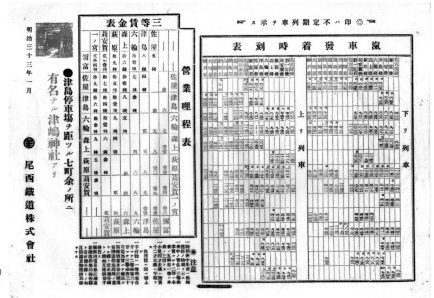

新一宮開業直後の1900（明治33）年の時刻表・運賃表。

津島停車場で出発を待つ尾西鉄道1号機関車。所蔵：津島市立図書館

木曽川河畔にあった木曽川港駅に停まる100形102。木曽川港は貨物駅だったが、夏の水泳客用に臨時列車が運転された。
1922（大正11）年の電化直後。出典：絵はがき　所蔵：津島市立図書館

1896（明治29）年2月に3呎6吋（1067mm）に改軌申請
して3月に認可を得た。関西鉄道の協力を得て設計が
進められ、1896（明治29）年6月10日に創業総会が開
かれて尾西鉄道が設立された。同年10月21日に本免
許状が下付され、機関車3両と客車、貨車、緩急車24
両が発注された。

　工事は弥富〜津島間5哩13鎖（8.2km）が第一期と
して進められたが、機関車は英国のナスミス・ウィル
ソンに発注したA8形（鉄道作業局の600形の同型機）
の到着が遅れ、開業に間に合ったのは米ブルックス
へ発注した1両のみであった。同機は尾西鉄道1号機
となり、名古屋鉄道に引き継がれてからも入れ換え
や工事用に活躍し、現在は博物館明治村に静態保存
されている。1898（明治31）年3月10日に試運転が行
われ、同年4月3日に開業した。所要時間は17分で、8
往復が運転された。運賃は1〜3等の3本建てで、距
離は短いものの1等が設定されていることが興味深
い。開通直後の6月に催された津島神社の祭礼には、
関西鉄道の愛知駅（名古屋駅）から弥富経由で津島ま
で、直通列車が運転されている。

　続いて、四日市方面から一宮・岐阜への貨物収入
に期待して津島以北の工事を進め、1899（明治32）年
2月17日に津島〜森上間、同年7月18日に森上〜萩原
間。翌1900（明治33）年1月24日に萩原〜新一宮間が

開業した。当初計画の弥富〜新一宮間25.1kmが全通
したことで、同年2月25日には一宮で盛大に全通式が
催された。ちなみに国鉄駅との接続駅に「新」の接頭
語をつけて区分したのは尾西鉄道が最初といわれて
いる。

　1904（明治37）年に日露戦争が開戦すると貨物輸
送が活発なって業績も向上した。国道の木曽川橋の
完成と、岐阜側の美濃電気軌道が笠松線を計画した
ことに刺激をうけ、軽便鉄道法の公布により、尾西
鉄道も新一宮から奥町を経て北方村（後の木曽川橋）
に至る北方延長線や奥町〜起間の分岐線を申請し
た。1912（明治45）年3月に新一宮〜北方間の免許
を得て、1914（大正3）年8月4日に木曽川線新一宮
〜木曽川橋間8.7kmが開業した。

　しかし、折からの不況もあって木曽川線の利用者
数は予想を大幅に下回った。加えて名古屋電気鉄道
の津島線が1914（大正3）年1月23日に開業したこと
で大きな打撃を受け、解散説もでるほどであった。
しかし、同年の第一次世界大戦の勃発で経済界が活
況を取り戻したことから、木曽川の石材運搬の舟運
との連絡を主目的に木曽川港への0.9kmの貨物線を
建設することとして、1918（大正7）年5月1日に開
業している。

　この間、1911（明治44）年1月にA8形であるナス

尾西線から新名古屋方面への特急運転開始を告知する看板を付けた3780系。玉ノ井　1968.5　Si

ミス・ウィルソン製の3号機と鉄道院機関車2両の交換が行われている。ここで譲渡を受けたのが、鉄道創業期の蒸気機関車である1874（明治7）年に英国のシャープスチュアートで製造された1Bタンク機の160形164、165の2両で、丁11,12と付番された。12号機は名鉄への合併後も残り、現在、博物館明治村で動態保存されている。

　第一次大戦後の好況と他私鉄の電化線が好調であること受け、尾西鉄道では既設線の電化と名古屋電気鉄道の津島線対策として中村電気軌道と連携した新一宮〜名古屋（中村）間の中村線を計画し、1920（大正9）年11月に免許を受けた。電化は木曽川線から始められ、1922（大正11）年7月10日からデホ100形3両による運転が始められた。続いて新一宮〜弥富間の電化工事が行われ、同年12月28日に新一宮〜森上間、翌23（大正12）年2月14日に森上〜津島間、同年11月28日に津島〜弥富間が完成し、全線が600Vで電化されている。電化工事の完了を受けて中村線の工事が行われ、1924（大正13）年2月15日のはだか祭にあわせて国府宮駅が仮駅で開業。9月20日に本駅が完成して移転している。

　しかし、こうした積極的な設備投資により経営が厳しくなったことから、1919（大正8）年以来、合併の話があった名鉄への事業譲渡が行われることに

なり、1925（大正14）年6月17日に吸収合併交渉が成立し、8月1日に事業が譲渡された。事業譲渡後の尾西本線弥富〜木曽川港間40.1kmは尾西線となり、中村線新一宮〜国府宮間は1928（昭和3）年に丸之内に延伸されて名古屋鉄道の清洲線とつながり、複線化もされて、名古屋〜岐阜間を結ぶ幹線の一部となった。

　名古屋鉄道になった尾西線は地域の足として、概ね30分間隔で普通列車が運転された。戦時下の1944（昭和19）年3月21日には奥町〜木曽川港間5.3kmが休止されるが、1951（昭和26）年12月28日に玉ノ井まで復活している。また、1944（昭和19）年に日比野〜津島間の南津島駅と西一宮〜開明間の西宮後駅が休止となり、1969（昭和44）年4月5日に正式に廃止されている。

　1952（昭和27）年12月14日に架線電圧が1500Vに昇圧され、あわせて運転系統が変更されて津島線の列車が弥富に延長されて津島線と一体となって運行されるようになった。これにより、尾西線は津島〜玉ノ井間の運転となった。

　1967（昭和42）年3月に7000系パノラマカーの3次車として4連5本が新製されると、観光特急として津島線や尾西線への運行が行われるようになった。1968（昭和43）年5月3日に津島駅は高架化され、

ホームは1面2線となり、これに伴い前年の1967（昭和42）年12月17日に津島〜佐屋間が複線化されている。津島駅高架化を受けて5月12日に行われたダイヤ改正では、新名古屋から津島経由玉ノ井行の特急が設定されて尾西線への直通列車が大幅に増加した。しかし、玉ノ井への特急は翌1969（昭和44）年7月6日のダイヤ改正で尾西線内は停車駅はそのままに準急化されている。

将来の輸送量の増加を見据えて津島〜森上間が複線化されることになり、1972（昭和47）年3月31日に津島〜六輪間、1974（昭和49）年3月17日に六輪〜森上間が複線化され、森上駅南の一部区間を除き複線となった。これを受けて同日より名古屋〜森上間に8往復の特急が設定された。しかし特急運転は長く続かず、翌年9月16日に急行化され、さらに1977（昭和52）年3月20日の改正における線内普通列車化をへて、1982（昭和57）年3月21日の改正で朝ラッシュ時を除いて名古屋方面の直通列車がなくなっている。この間、1970（昭和45）年12月25日に新一宮〜玉ノ井間の運行が分離され、新一宮折返しとなった。

名古屋本線島氏永〜今伊勢間の連続立体交差化に続いて尾西線も高架化されることになり、観音寺〜新一宮間2kmが1994年（平成6年）11月27日、新一宮〜開明間1.8kmが1995年（平成7年）7月29日に完成した。尾西線の津島〜新一宮間は、新一宮での運行分割後は30分間隔で運転が行われていたが、東海道

本線の運行が国鉄からＪＲ東海に代わり、運行本数が増えると名古屋本線は所要時間で不利なことから、支線からの利便性を高めることになった。1997（平成9）年4月5日のダイヤ改正で森上〜新一宮間が昼間15分間隔に増発され、さらに2001年（平成13年）10月1日のダイヤ改正で津島〜森上間も15分間隔に増発された。新一宮は、2005（平成17）年1月29日の空港線開業にあわせて名鉄一宮に改称されている。

現在の運行は、弥富〜津島間、津島〜名鉄一宮間、名鉄一宮〜玉ノ井間と3分割されており、2011（平成23）年3月26日から津島〜名鉄一宮間、名鉄一宮〜玉ノ井間は6800系ワンマン改造車によるワンマン運転が行われている。コロナ禍での乗客減少に伴う減量ダイヤで2021年（令和3年）10月30日に森上〜津島間の昼間帯が毎時2本に減便されている。

犬山遊園地で保存されていた尾西鉄道1号機関車。
1953頃　Si

1911（明治44）年にA8形であるナスミス・ウィルソン製の3号機と交換で尾西鉄道にやってきた160形2両のうちの1両である12号機。新一宮駅などの入換用に使用された後、鳴海工場でボイラー代用となり、明治村で保存の後、1974（昭和49）年3月から動態保存が行われている。転車台も尾西鉄道弥富駅にあったもので、尾西鉄道のゆかりが多い。
鳴海工場　1954頃　Si

弥富駅

関西本線弥富駅は、関西鉄道により名古屋からの路線が開通した1895（明治28）年5月24日に開業し、当初の駅名は前ヶ須だった。関西鉄道に津島経由を働きかけていた津島町では、実現しなかった代わりとして弥富〜津島〜一宮を鉄道で結ぶべく尾西鉄道を設立し、1898（明治31）年4月3日に最初の区間として弥富〜津島間を開業する。以来、弥富駅では関西本線と接続し、尾西線からの貨物の授受も行われていた。

国鉄との共同使用駅で、ホームは2面3線あり、名鉄は北側の3番線を使用する。かつては貨物用の側線もあったが、1983（昭和58）年5月末で廃止された。1984（昭和59）年2月から1989（平成元）年6月まで、名鉄が駅の業務を受託していた。

駅の標高は海抜マイナス0.9mで、地上駅としては日本一低い。
1967.9.2　kr

弥富駅駅舎
関西本線の貨物を牽引するDD51と顔を合わせるデキ300形305。デキ300形は1926（大正15）〜1929（昭和3）年にかけて三河鉄道が導入したキ10形で、305は車体中央部の窓がない三菱造船製。1993（平成5）年に車体を更新して青色塗装に変更し、砕石輸送の工事列車に2014（平成26）年まで活躍した。
1983.2.5　Ha

パノラマカーが入線した弥富駅。1967（昭和42）年に3次車として4連5本が新製され、同年4月10日から津島・尾西線と西尾・蒲郡線を結んだパノラマカーの運転が開始された。
1967.5　kr

1966（昭和41）年12月25日から津島・尾西線に毎時2本運転された特急は、西尾・蒲郡線に直通した。
1968.7　Si

DD51牽引の貨物列車と並ぶ3550系。1976.12.5　Ha

弥富口(廃止)・五ノ三駅

弥富口駅(廃止)

1933(昭和8)年8月1日に開業した比較的新しい駅で、利用者数が少ないことから1944(昭和19)年から休止となり、1946(昭和21)年9月15日の再開時には位置が北に300m移動している。東名阪自動車道に並行する県道40号名古屋蟹江弥富線と立体交差にするため弥富〜五ノ三間1kmが高架化され、1983(昭和58)年4月9日に高架駅となった。高架化にあたっては工事全体が複線化対応で行われたことから、上り線ホームの一部もつくられている。1日平均の利用者数が100人程度と少ないことから、2006(平成18)年12月16日に廃止されている。

地平時代の弥富口駅。
1980.4.13　Ha

廃止直前の弥富口駅。2006.12.14　Ha

五ノ三駅

珍しい駅名の駅であるが、駅名の由来は「郷の桟（＝村の縁）」というのが定説となっている。1923（大正12）年11月28日の全線電化を受け、渕高、玉野など7駅と共に1924（大正13）年10月1日に開業している。周囲に人家はあまりなく、乗降客数も少ない。2008（平成20）年のトランバス導入に伴う駅集中管理システム導入で小規模な駅舎が建てられている。
1967.8.26　kr

五ノ三〜弥富口間をはしるデキ305牽引の貨物列車。尾西線の貨物列車は、森上の三興製紙や日比野発の貨物を牽引した。
1983.2.5　Ha

佐屋駅

尾西鉄道が1898（明治31）年4月3日に弥富〜津島間で開通したとき、唯一の中間駅だったのが佐屋である。駅舎は1971（昭和46）年3月に改築されるまで、開業時の建物が使用されていた。1955（昭和30）年に誕生した佐屋町の中心駅で、2005年（平成17年）4月に佐織町、立田村、八開村と合併して愛西市となり、新しい市役所は旧佐屋町役場に置かれている。こうしたことから利用者数は、尾西線では新一宮、津島、奥町に次いで4番目に多い。

2面3線のホームがあり、東側の1番線は8両編成まで対応できる折返し線となっている。名古屋本線から津島線への列車は津島ではなく佐屋で折り返すことが多いため、実質的には津島線の一部といえる。津島〜佐屋間は津島駅の高架化にあわせて1967（昭和42）年12月17日に複線化されている。

佐屋は江戸時代に熱田〜桑名間の七里の渡しの迂回路として熱田〜佐屋間の佐屋街道と佐屋〜桑名間の三里の渡しが利用され、その宿場が置かれていた。往還で賑わった佐屋宿や湊跡は佐屋駅の西北に位置している。

1898（明治31）年建築で開業時の面影を残していた佐屋駅。駅舎は1971（昭和46）年3月に改築されている。
1966年頃　Kr

尾西線の津島〜佐屋間は、津島駅の高架化にあわせて1967（昭和42）年12月17日に複線化された。名古屋本線に直通する津島線の列車は佐屋駅での折返しが多く、パノラマカーの6連も運転されていた。7008編成　日比野〜佐屋　2008.8.17　Ha

養老山地を望んで日比野～佐屋間を走る7000系6連（7007編成）。4連に比べ、一足早く2008（平成20）年9月14日に営業運転から退いた7000系6連の最後の活躍シーンである。2008.8.17　Ha

佐屋駅に向かう3850系と7300系のAL車4連の急行。西尾線経由で蒲郡線に直通していた森上からの急行は1982（昭和57）年3月20日で廃止され、津島線は朝ラッシュ時を除き各駅停車になってしまうが、1983（昭和58）年3月18日のダイヤ改正で昼間帯に佐屋行急行として復活し、時間1本運転された。
1989.6.3　Ha

津島線からの3730系4連の佐屋行普通列車。津島駅が1面2線で折返しに適さないことや、佐屋駅の利用者数が尾西線で4番目に多いことなどから津島線の列車は佐屋まで運転されることが多く、津島～佐屋間は実質的には津島線の一部となっている。
1989.6.3　Ha

日比野駅

日比野安全肥料の社主である日比野紋左衛門が1908（明治41）年に本社工場を建設するにあたり、用地を提供するなどして積極的に誘致をはかり、1907（明治40）年12月29日に開業した駅。駅名は、建設の由来にちなんでいる。

津島駅の高架化に関連し、1964（昭和39）年7月1日に同駅の貨物機能を移すため、貨物側線が増設され

た。貨物営業は1983（昭和58）年5月31日に廃止されたが、その名残で側線が残っており、島式ホームの東側にある1番線は回送列車の折返しや夜間の留置に使用されている。

日比野〜津島間には、1924（大正13）年10月1日に開設された南津島駅があったが、戦時下に休止となり、1969（昭和44）年4月5日付けで正式に廃止されている。

貨物扱いをしていた頃の日比野駅。佐屋行の3730系と並ぶデキ305牽引の貨物列車。
1983.2.5　Ha

日比野駅駅舎（右）。特急「北アルプス」に使用された8000系気動車が廃車のため、側線に留置されている。
1991.4.13　Ha

尾西線の折返し列車の3730系と弥富行の普通列車の6000系、そして廃車待ちキハ8000系が日比野駅で並ぶ。
1991.4.13　Ha

貨物ホームに停まるデキ305牽引の貨物列車。津島・海部地区の貨物を取り扱った。1976.12.5　Ha

津島～森上駅間

　尾西鉄道により1899（明治32）年2月17日に開業。1923（大正12）年2月14日に電化された。将来の輸送量の増加を見据えて、1972（昭和47）年3月31日に津島～六輪間2.9km、1974（昭和49）年3月17日に六輪～森上間5.1kmが複線化されている。

　1968（昭和43）年5月12日のダイヤ改正で新名古屋から津島経由玉ノ井行の特急が設定されたが、翌年、停車駅はそのままに準急化。複線化の完了により、1974（昭和49）年3月17日に再び森上発着の特急が設定されたものの、翌年9月16日に急行化され、さらに1977（昭和52）年3月20日の改正における線内普通列車化をへて、1982（昭和57）年3月21日の改正で朝ラッシュ時を除いて名古屋方面の直通列車がなくなっている。

　2001（平成13）年10月1日のダイヤ改正で津島～森上間が昼間30分間隔から15分間隔に増発されたが、コロナ禍の減量ダイヤで2021（令和3）年10月30日に昼間帯が毎時2本に減便されている。2008（平成20）年のトランパス導入に伴う駅集中管理システムの実施で、各駅に小規模な駅舎が建てられている。

町方駅
1924（大正13）年10月1日に電化後の駅増設にあわせて兼平として開業。戦時下に休止となったが、津島商工高校（現・津島北高校）の開校に伴い、旧駅を北に約200m移転し、町方と改称して1959（昭和34）年7月1日に営業を再開した。
1967.8.26 kr

六輪駅
路線開業にあわせて1899（明治32）年2月17日に開設され、津島～森上間では唯一の中間駅だった。駅名は開業時の村名の六輪村から。1967（昭和42）年までは貨物営業が行われていた。1978（昭和53）年5月1日に無人化されている。2008（平成20）年のトランパス導入に伴う駅集中管理システムの実施で駅舎が建てられている。1967.7.28　kr

渕高駅
1924（大正13）年10月1日に
電化後の駅増設にあわせて開
業。1958（昭和33）年頃無人
化されている。愛西工科高校と
佐織特別支援学校の最寄り駅で
あり、学生の利用者が多い。
1967.8.5 kr

丸渕駅
開通に10年余遅れて1912（明治
45）年2月18日に開業。1963（昭
和38）年まで貨物営業が行われて
いた。1971（昭和46）年3月1日
無人化されている。単線時代は行
き違いができる相対式ホームだっ
たが、1974（昭和49）年3月の複
線化時に島式ホームとなった。
1967.7.28　kr

上丸渕駅
1924（大正13）年10月1日に
電化後の駅増設にあわせて開
業。1962（昭和37）年まで貨
物営業が行われていた。1971
（昭和46）年3月1日無人化され
ている。1967.8.5 kr

渕高～丸渕間を走る3400系。エバーグリーン賞の受賞を記念して1993（平成5）年に濃淡グリーンの塗色となった3400系は、1994（平成6）年の名鉄の創業100周年記念イベントの一環として、同年8月の1か月間限定で碧南～弥富間の直通急行に1日1往復充当され、その間合いで尾西線でも運転された。1994.8.27　Tk

引退を前に2008（平成20）年11月16日に団体列車「いちょう」号として、久々に尾西線森上まで入線した7000系。
上丸渕～森上　Tk

森上駅

　津島～名鉄一宮のほぼ中間に位置し、かつては名古屋から津島経由で運転された優等列車の始終着駅だった時代がある。尾西鉄道により津島～森上間開業に伴い1899（明治32）年2月17日に開設。路線は同年7月18日に萩原まで延伸された。1922（大正11）年12月28日に新一宮～森上間、翌23（大正12）年2月14日に森上～津島間が電化されている。

　1968（昭和43）年5月12日から尾西線経由で名古屋方面に運転された特急の停車駅となったが1969（昭和44）年7月6日の改正で準急化され、1974（昭和49）年3月17日の複線化完成で再び当駅着発の特急の運転が開始されたものの、翌75（昭和50）年9月16日改正で急行となり、さらに1977（昭和52）年3月20日の改正で尾西線内が普通列車化されて、1982（昭和57）年3月まで運転された。以後、尾西線の新一宮～津島間で優等列車の運転は行われていない。

　六輪～森上間は複線化されているが、森上の南の短区間は単線のままとなっている。ホームは2面3線で，駅舎寄りの6両編成対応の1番線は留置線とし

て使用されている。木曽川沿いにある旧三興製紙祖父江工場（現在の王子マテリア祖父江工場）まで約2.5kmの専用線があったが、1978（昭和53）年7月23日に廃止された。

　1939年（昭和14年）5月に建築された駅舎は、駅集中管理システム導入に伴い2007年（平成19年）に改築されている。2024（平成6）年4月13日から無人化された。

2007（平成19）年に改築された旧駅舎。1939（昭和14）年5月に建築されている。2007.3.4　Tk

森上に停まる玉ノ井行特急。特急は尾西線内では六輪、丸渕、森上、萩原、苅安賀、新一宮、奥町に停車した。1968.5　Si

森上で行き違うモ3300形（元愛電デハ3300形）と貨物列車を牽引する元愛電のデキ370形。右の蒸気機関車は三興製紙の専用線に貸し出された10形13。1967.10　Si

森上に停まる7000系。
1974（昭和49）年3月
から運転が開始された
2度目の特急で、津島経
由蒲郡行。
1974.12　Tk

森上を発車するデキ600
形牽引の貨物列車。津島〜
森上間の複線化後も森上の
すぐ南の一部区間は単線と
なっている。
1974.12　Tk

1番線に留置車両があり、3
線に列車が停まる森上駅。
2007.3.4　Tk

コラム 三興製紙専用線

森上駅からは木曽川沿いにある旧三興製紙祖父江工場（現在の王子マテリア祖父江工場）まで約2.5kmの専用線があった。通常はC351が使用されていたが、予備機がなかったので名鉄の10形13号機が使用されることがあっ

た。13号機は豊川鉄道が1897（明治30）年に英国ナスミス・ウィルソンから輸入したC形タンク機で、1959（昭和34）年まで使用されている。1963（昭和38）年にDL化され、1978（昭和53）年7月に廃止された。

写真：全て1962.10　Si

森上〜新一宮（現・名鉄一宮）駅間

尾西鉄道により1899（明治32）年7月18日に森上〜萩原間4.0km、翌1900（明治33）年1月24日に萩原〜新一宮間4.9kmが開業した。1922（大正11）年12月28日に新一宮〜森上間が電化されている。1997（平成9）年4月5日のダイヤ改正で森上駅 〜 新一宮駅間が昼間30分間隔から15分間隔に増発された。2007（平成19）年の駅集中管理システム導入に伴い、萩原、苅安賀の旧駅舎は撤去され、各駅に小規模な駅舎が建てられている。2011（平成23）年3月から6800系車両によりワンマン運転が行われている。

山崎駅

1930（昭和5）年1月25日開業。終戦前後に休止となった時期がある。1952（昭和27）年3月25日に無人化。駅舎内に名鉄共栄社（後の名鉄産業）の売店があったことから、1959年（昭和34年）7月1日から 駅務代行制度により乗車券委託販売と改札集札業務を代行営業していた。駅が位置する祖父江町は日本一の銀杏の産地で、隣接地に「祖父江ぎんなんパーク」があるなど周辺には銀杏の木が多く、11 〜 12月の「そぶえイチョウ黄葉まつり」開催時には多くの利用者がある。
1967.7.29　Kr

線路脇に銀杏の木が続く山崎付近を走る6800系。2011（平成23）年3月から開始された尾西線津島〜玉ノ井間のワンマン運転用に6800系4 〜 6次車のうち、12本(6828 〜 6839編成)が改造され、使用されている。
2011.12.8　Tk

黄葉した銀杏の見物客で賑
わう山崎駅に6800系が到
着する。
2012.11.30　Tk

桜の名所である萬葉公園の
横を走る6800系。
2012.4.13　玉野～萩原
Tk

玉野駅
1924（大正13）年10月1
日に電化後の駅増設にあわ
せて開業。1948（昭和23）
年11月1日以前に無人化さ
れている。1面1線のホー
ムはカーブ上に位置してい
る。1967.8.5　kr

二子～萩原間を走る3400系。1994（平成6）年の名鉄の創業100周年記念イベントの一環として、同年8月には3400系が尾西線で運転された。
1994.8.17　Ha

玉野付近を走る3400系。尾西線沿線は植木・苗木の産地であり、苗木を育てる畑が広がっている。
玉野～山崎　1994.8.17　Ha

桜咲く、春の尾西線を走る6800系一次車の6803編成。6800系は6000系の省エネ車として制御方式を界磁添加励磁制御に変更して製造され、2次車の6808編成までは6000系9,10次車と同じ非貫通形の前面で製造された。
苅安賀～二子　1998.4.3　Ha

苅安賀で行き違う6800系。同じ6800系でも製造年次により前面デザインは異なっている。　1998.4.3　Ha

萩原駅

1899（明治32）年7月18日の森上～萩原間開通に伴い開業。翌1900（明治33）年1月24日に萩原～新一宮間が開業し、弥富～新一宮間が全通している。1966（昭和41）年まで貨物営業が行われていた。現在は無人化されているが、有人駅時代の2007（平成19）年まであった旧駅舎は1955（昭和30）年3月に改築されている。改築後は民衆駅として利用され、2階に一宮市萩原支所の一部が入居していたことがあった。
1967.7.28　kr

二子駅

1924（大正13）年10月1日に電化後の駅増設にあわせて開業。ホームの北では名神高速道路と交差している。戦時下で休止され、1949（昭和24）年10月15日に復活している。2007（平成19）年以前はホームに隣接して菓子店があり、その店の前を通ってホームに出入りした。1面1線の無人駅であるが、一宮西高の最寄り駅で学生の利用が多い。
1967.7.29 kr

苅安賀駅

1900（明治33）年1月24日の萩原～新一宮間開通に伴い開業。同区間の行き違い駅として、2面2線の対向式ホームがある。1995（平成7）年の無人化を経て、1927年（昭和2年）に建てられた旧木造駅舎はトランパス対応工事に併せて2007（平成19）年に建て替えられている。駅の一宮方を東海北陸自動車道の高架橋が通っている。高架化計画があり、2030年度に完工の折には行き違い設備は隣の観音寺に移されることになっている。1967.7.29　Kr

観音寺駅

1928（昭和3）年8月15日に開設された尾西線では新しい駅。当初の呼称は「かんおんじ」であったが、1966（昭和41）年6月1日に「かんのんじ」に変更されている。戦時下に休止となり、1950（昭和25）年7月22日に復活している。1面1線の無人駅で、すぐ一宮寄りから1994（平成6）年11月27日に完成した新一宮駅への高架線が続いている。進行中の苅安賀駅前後1.4kmの高架完成により、苅安賀の行き違い設備を移す予定である。1967.6.17　Kr

新一宮（現・名鉄一宮）～玉ノ井駅間

新一宮まで路線を開業させた尾西鉄道では、次いで岐阜から笠松への路線を建設していた美濃電気軌道と連携して一宮～岐阜間を連絡するため、新一宮～奥町～木曽川橋間8.7kmの建設をおこない、1914（大正3）年8月4日に開通させた。しかし、旅客数が少なかったことから東進策をたて、一宮～甚目寺～中村間の免許を取得して名古屋進出を目論み、1924（大正13）年2月15日に新一宮～国府宮間5.3kmを開業させている。さらに、1922（大正11）年7月から翌年11月に

かけて全線を電化している。こうした積極策は、名古屋電気鉄道津島線の開業により利用者を奪われた尾西鉄道の生き残りをかけた懸命の施策だったが、結果的に1925（大正14）年8月に名古屋鉄道（初代）に事業を譲渡し、吸収された。

この尾西鉄道が建設した国府宮～新一宮間は1928（昭和3）年4月の丸之内～国府宮間開業で名岐線の一部となり、バスで木曽川橋～笠松間を連絡することで美濃電気軌道及び竹鼻鉄道と連絡し、1930（昭和5）年

西一宮駅
新一宮～木曽川港間8.7kmの開通に伴い、1914（大正3）年8月4日に開業。昭和40年代まで行き違い駅で、側線もある広い構内だった。1968（昭和43）年7月16日無人化されている。路線の高架化に伴い、1995（平成7）年7月29日に高架駅となった。
1966頃　Kr

開明駅
新一宮～木曽川港間8.7kmの開通に伴い、1914（大正3）年8月4日に開業。ホーム1面の無人駅で、2007（平成19）年8月のトランパス導入にあわせ、小さな駅舎が設けられた。
1967.6.17　Kr

奥町駅
新一宮～木曽川港間8.7kmの開通に伴い、1914（大正3）年8月4日に開業。かつては尾州繊維産業の中心地で、周辺には多くの紡績工場があった。1962（昭和37）年まで貨物営業が行われている。周辺は住宅地で、木曽川高校も近くにあり、利用者数は尾西線内の単独駅では一番多い。一部時間帯のみ有人だったが、2007（平成19）年8月のトランパス導入にあわせ完全無人化され、駅舎も建て替えられた。
1967.6.17　Kr

の合併による名岐鉄道の成立、そして1935 (昭和10) 年4月の名古屋～岐阜間直通運転につながっていく。

　木曽川橋梁の架橋により、名岐連絡の役目を終えた木曽川港への路線は、戦時下の不急不要路線として1944 (昭和19) 年3月21日に奥町～木曽川港間5.3kmが休止される。奥町～玉ノ井間1.5kmは1951 (昭和26) 年12月28日に復活するが、玉ノ井～木曽川港間は1959 (昭和34) 年11月25日に正式に廃止された。

　新一宮～玉ノ井間は尾西線津島～新一宮間と一体となった運行が行われていたが、1970 (昭和45) 年12月に分離されて、新一宮～玉ノ井間の運行となった。

　新一宮駅付近の連続立体交差化の最後の区間として、1995 (平成7) 年7月29日に西一宮と開明の中間地点付近までの1.8kmが高架化された。2011 (平成23) 年3月から6800系車両によりワンマン運転が行われている。

向日葵咲く開明～奥町間を走る3400系。名鉄創業100周年記念イベントの一環として、1994 (平成6) 年8月には3400系が尾西線で運転された。
1994.8.17　Ha

開明～奥町間を走る3400系。西一宮～奥町間は道路に並行して線路が敷設されている。
1994.8.17　Ha

玉ノ井駅

新一宮〜木曽川港間8.7kmの開通に伴い、1914(大正3)年8月4日に開業。戦時下の1944(昭和19)年3月21日に不急不要路線として奥町〜木曽川港間休止に伴い休止駅となるが、1951(昭和26)年12月28日に奥町〜玉ノ井間のみ復活した。駅舎もあって貨物営業もおこなわれていたが、時期不明であるが無人化されている。2007(平成19)年8月の駅集中管理システム導入にあわせ、小さな駅舎が設けられた。。
1967.6.17　Kr

玉ノ井終点に停車する3730系モ3741-ク2741。玉ノ井には駅舎があり、1962(昭和37)年までは貨物営業もおこなわれていた。
1985.4.4　Ha

玉ノ井を出発する3400系。玉ノ井〜新一宮間は1本の編成で30分間隔で折返し運行が行われている。1994.8.17　Ha

第4章
名鉄高速電車変遷史-2
戦後の復興から5500系冷房車の登場まで

　1948（昭和23）年5月の西部線昇圧と東西直通運転の開始で、豊橋〜名古屋〜岐阜間で並行する国鉄東海道本線との熾烈な競争が始まった。特に名古屋〜岐阜間は線形から所要時間で不利なことから、運行頻度を高めたり、クロスシート車など快適な車両の導入によりサービスの向上が図られた。それを具現化したのが、国鉄に先がけ導入したカルダン駆動車の5000系であり、わが国初の大衆冷房車として登場した5500系だった。

対国鉄の切り札として、1955（昭和30）年12月に運転を開始した5000系。カルダン駆動による全電動車編成で、車体は航空機の技術を活かしたセミモノコック方式の軽量構造となり、運転性能は画期的に向上した。
新名古屋〜中日球場前　1955.11　Si

■ 西部線の昇圧による東西直通運転の開始

東西連絡線の開業で線路はつながったものの、架線電圧が東部線は1500V、西部線は600Vと異なっていることから、運行は金山橋を境に分断されたままであった。東部線と西部線の直通運転をおこなうには、西部線の名岐線、犬山線、津島線の架線電圧を1500Vに昇圧する必要があった。昇圧工事は戦後の資材難の中で進められ、1948（昭和23）年5月12日に竣工。5月16日から直通運転が開始された。

昇圧後の運転は、特急用MTM3両組成11本、急行・一般用MTc2両組成58本、予備車1両でおこなうこととして、1500V用の電動車109両、附随車11両、制御車63両の計183両が必要とされた。1500Vだった東部線で使用していた車両は電動車61両と制御客車30両の91両で、戦時下に非電装で出場していた元知多鉄道のク950形、モ3550形、デハ3300形の制御車だったク2040形やク2020形、計19両の電動車化が進められていた。このため昇圧改造の対象車は、西部線のモ800形、モ3500形など電動車が19両、ク2550形、ク2180形、モ1040形、サ2310形の改造による制御車が23両、ク2230形とク770形の改造による附随車が11両の計53両であった。新造車も登場した。運輸省規格形の3800系で、10組成20両（昇圧時には5組成10両）が製造された。

昇圧に伴い、豊橋、名岐線は一本化されて名古屋本線となり、（東西連絡線は1944（昭和19）年12月21日に金山以北を名岐線、金山以南を豊橋線に編入）新岐阜～豊橋間に時間あたり特急1本、急行1本が設定された。特急の所要時間は125分で、停車駅は新岐阜・新一宮・新名古屋・金山橋・神宮前・知立・東岡崎・（国府）・（伊奈）・豊橋（国府、伊奈は朝夕のみ停車）。急行の所要時間は145分で、特急停車駅以外に笠松・新木曽川・国府宮・須ヶ口・堀田・鳴海・今村（現・新安城）・国府・伊奈に停

車した。そのほか、新岐阜～東岡崎間に準急1本があった。名古屋本線以外では犬山線に急行1本/時が神宮前～新鵜沼間（岩倉から各駅停車）に設定され、新名古屋～新鵜沼間の所要時間は50分だった。津島線は普通2本/時であったが、新名古屋駅発着が神宮前まで延長されている。常滑・河和線は神宮前（西）駅からの運行で、常滑までが所要時間60分、河和までが所要時間76分であった。新名古屋駅を通る列車は136本から296本に増加し、名古屋本線の輸送力は平均で45％増加した。

しかし、粗悪な資材や物資不足の中で昇圧工事が進められた結果、旧600V車で昇圧改造されたモ800形や新規に電装されたモ3550形などの電気回路の故障が続発した。車両不足となったことから7月5日にダイヤが改正され、10時台から14時台の新岐阜～豊橋間の特急を運休すると共に、津島線の列車が新名古屋発着に戻されている。

昇圧後の最初のダイヤ改正は1949（昭和24）年9月25日で、一宮線に急行を新設して犬山線に乗り入れたほか、津島線の列車を堀田まで延伸し、東部方面から金山橋止まりだった本線の各駅停車を須ヶ口まで延伸した。

1950（昭和25）年7月10日には、1942（昭和17）年7月の神宮前西駅の開設以来、行われていなかった東海道本線を跨ぐ跨線橋を使っての常滑線と名古屋本線

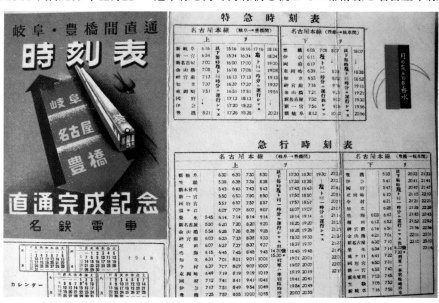

東西直通完成記念の時刻表

の直通運転が再開され、復活した海水浴輸送に威力を発揮した。あわせて昼間時間帯の神宮前～新岐阜間の特急が復活した。

同年10月1日には、名鉄に対抗するため、国鉄東海道本線にC11（一部C55）が4両程度の客車を牽引して長距離急行並みの速度で運行する快速列車の運転が始まっている。これに対し名鉄では、快速列車運転に先立ち9月17日に名古屋本線の速度向上を行って

最高速度を95km/hに向上し、新岐阜～豊橋間の特急の所要時間を110分、急行を130分に短縮している。

同時に名古屋本線の知立信号場でスイッチバックし、知立連絡線経由で三河線知立を経て大浜港（現・碧南）に至る2往復の直通列車が設定され、名古屋本線の新岐阜～知立間は特急として運転された。犬山線には高山本線連絡急行が新設され、新名古屋～新鵜沼間を43分で運転した。

登場間もない頃の3800系モ3821。車号はボールド体センチュリーオールド書体が使用されている。名鉄車両の車号の書体は愛知電気鉄道ゆかりで米国風のボールド体ローマン書体だったが、戦時下の1942年に製造されたモ3500形からボールド体センチュリーオールドの書体となっていた。戦後になり、地元ファンの要望を受け、1949年製造のモ3826編成からボールド体ローマン書体が復活する。ローマン書体の原型は米国ロサンゼルス近郊で運行していた電気鉄道のパシフィック・エレクトリックという。
1949頃　Ar

伊奈駅の3800系。後ろは800系。1950頃　Km

3800系（モ3800形、ク2800形）

電動車のモ3800形と制御車のク2800形で、戦後の車両不足を解消するため、太平洋戦争終戦後に運輸省が制定した「私鉄郊外電車設計要項」にもとづき製造された、いわゆる運輸省規格形車両。従来車と規格が近似したA'形（車体長17,000mm、車体幅2,700mm）であるが、実際の製造にあたっては名鉄の車両にあうよう変更されており、従来車と比べても違和感のない外観となった。

車体長18m、2扉ロングシートの車体で、台車は日車製のD-18形を装着し、主電動機や制御装置はモ800形など戦前に製造された自動進段制御車（AL車）で実績のある機器を搭載している。昇圧時に竣工していたのは5組成で、翌1949（昭和24）年12月までに35組成70両が製造された。1954

（昭和29）年に制御車だけ1両（ク2836）が輸送機工業で製造されている。

1960年代には整備にあわせて一部車両の運転台の嵩上げ、窓下補強帯（ウィンドウ・シル）の埋込、座席のクロスシート化が行われた。1960年代後半から70年代初めにかけ、ロングシートで残っていた車両を富山地方鉄道に7本、豊橋鉄道に1本、大井川鉄道に1本が譲渡されたほか、29両が冷房車体の7300系に車体更新され、1972（昭和47）年以降、残る車両は12組成24両となった。1985（昭和60）年頃には、ク2800形10両の台車が廃車になった3880形から転用したKS-33形に交換されている。1981（昭和56）年から廃車が始まり、1989（平成元）年までに全車が廃車となった。

モ3800形3826　美合　1958.4.19　In

コラム 初代3700系

　第二次大戦中の酷使や戦災被害などで戦後の車両不足は深刻であり、このため運輸省では戦時設計の20m車体4扉の通勤輸送向けの車両として国鉄で大量生産していたモハ63系を私鉄に配給する代わりに、余剰となる中・小型車両を地方私鉄に払い下げることで、その解決を図ることを画策した。こうしてMc＋Tcの2両組成10本20両が名鉄に割り当てられ、1946（昭和21）年に入線してモ3700形-ク2700形と付番された。

　しかし、モハ63系は国鉄規格で車体長20,000mm、幅員が2,930mmもあり、線路中心間隔が10フィート（3,048mm）で2,440mmの車体幅員が最大であった庄内川橋梁は通過できず、運行は栄生以東に限られた。運行可能な栄生以東においても標準的な名鉄路線の線路中心間隔は11フィート（3,353mm）であることから2,740mmが限界であり、それより幅員で200mmも大きかった3700系では運行速度などでも相当の制約があったであろうと推察される。（現在の基準では旅客が窓から身体を乗り出すことのできない構造の車両のみが走行する区間では、軌道中心間隔を200mm狭くすることができるので、走行

自体は可能だった）このため、1948（昭和23）年5月に架線電圧が統一されて東西直通運転が始まっても、3700系は直通運転に使用できなかった。

　直通運転用の新造車両として3800系が増備されると、3700系は使用実績のある関東私鉄に売却される。売却は1948（昭和23）年12月に小田急電鉄に3本（04～06）、翌年4～6月に東武鉄道に7本（01～03、07～10）で、これにより国から3800系の製造割当数を増やしてもらったともいわれている。

　なお、3700系の割り当てにより、他社に供出した車両は以下の通りである。

モ100形3両（元・尾西鉄道）→菊池電鉄（熊本電鉄）1，
山陰中央鉄道（後の日ノ丸自動車法勝寺線）2
デ1形4両（元竹鼻鉄道）→野上電鉄2，熊本電鉄2
デ5形2両（元竹鼻鉄道）→松本電鉄2
モ450形3両（元各務原鉄道）→山形交通1，蒲原鉄道1，
尾道鉄道1

モ3700形3703　鳴海　1948.4.29　Mz

■ロマンスカーの登場

東海道本線の電化が進捗し、1949（昭和24）年5月に浜松まで電化され、さらに1951（昭和26）年7月には浜松〜稲沢間の電化工事が着工されると、名鉄に危機感が高まっていった。この対抗策として3850系（モ3850形-ク2850形）10本20両が竣工し、1951（昭和26）年7月15日にダイヤ改正を行い、最高速度を95km/hから100km/hに向上するとともに、昼間時の新岐阜〜東岡崎間準急を豊橋に延長した。3850系の車内は全固定クロスシート、塗装は後の優等車の標準色となるサーモンピンクとマルーン2色塗りとして「ロマンスカー」と呼ばれた。

翌1952（昭和27）年12月には3850系の増備車として3900系（モ3900-ク2900形）2連3本が竣工した。3850系との違いは座席配置で、扉付近がロングシートになり、室内灯には蛍光灯を使用した。電装品は、元知多鉄道ク950形からモ3500形に編入されたモ3508〜10と

モ3500形3506.7から転用し、電装解除された車両はそれぞれク2650形2651〜53、2654.55となった。3900系は翌年には中間車を組み込み4両組成化された。

東海道本線は1953（昭和28）年7月21日に浜松〜名古屋間が電化され、旅客列車は蒸気機関車から電気機関車の牽引に変わった。この対抗策として1953（昭和28）年6月28日にダイヤを改正し、新岐阜〜豊橋間の特急の所要時間を12分短縮して98分（新名古屋〜豊橋間65分、新名古屋〜新岐阜間32分）、急行の所要

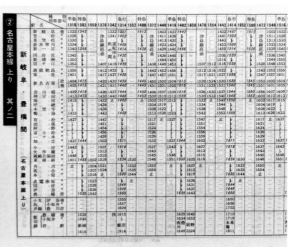

1953（昭和28）年6月28日時刻改正の時刻表（部分）

登場時の3850系の特急。1951（昭和26）年頃　豊橋　Km

時間を15分短縮して115分となった。同時に昼間帯の新名古屋～豊橋間の特急1本/時を復活し、新岐阜と三河線大浜港（現・碧南）間の特急を4往復に増やしている。新岐阜～東岡崎間には準急も1本/時あり、昼間帯の新岐阜～神宮前間は特急2本、急行1本、準急1本/時の運転となった。また、ラッシュ時の神宮前～枇杷島分岐点間の運転間隔を3分から2分30秒間隔に縮めることで、ラッシュ時の運転本数も増加している。

犬山線は1951（昭和26）年10月7日から河和線との直通運転を増発すると共に、栄生、岩倉、（布袋）、古

本線（上り岡崎、豊橋方面）	本線下り（一宮、岐阜方面）

（時刻表部分・欄外注記）
○印岡崎より各停
□印岡崎まで各停
△合、本宮、國府、伊奈に停車
×印神宮前にて急行
□印神宮前にて鳴海ゆきに接続
○印神宮前にて鳴海ゆきに接続
海ゆきに接続
※印日曜のみ運転
○印は須ケ口より準急

1952（昭和27）年7月の新名古屋駅発車時刻表（部分）

登場時は2連だった3900系（後ろは3850系）。1953（昭和28）年頃　豊橋～伊奈　Km

知野、犬山、犬山遊園に停車し、新名古屋～新鵜沼間を42分で走る急行1本/時、急行停車駅に西春を加え、岩倉から普通になり同区間を47分で走る準急1本/時を運転している。

1954（昭和29）年に製造された3900系4本目の編成（ク2904-モ3954-モ3955-ク2905）は電気制動を本格的に採用し、その後の高性能車の先駆けとなった車両で、以後の新製車両はカルダン駆動の新性能車となった。

1953（昭和28）年6月の100km/h運転時の特急運転時刻（昼間時の基本パターン）

種別	新岐阜	新一宮	新名古屋	金山橋	神宮前	知立	東岡崎	豊橋
急行	10:00	10:17	10:40	10:44	10:48	11:11	11:24	11:55
特急	10:12	10:26	10:45	10:50	10:53	－	－	－
特急	10:42	10:56	11:15	11:19	11:23	11:44	11:55	12:20
特急	11:43	11:28	11:10	11:04	11:01	10:40	10:30	10:04
特急	12:13	11:58	11:40	11:34	11:31	－	－	－
急行	12:37	12:20	11:55	11:49	11:45	11:20	11:07	10:35

1953（昭和28）年6月28日ダイヤ改正　新名古屋駅発車時刻

路線	昼間時の基本パターン								
名古屋本線東部方面	05 準 岡崎　07 普 神宮前　10 急 神宮前　15 特 豊橋　21 普 岡崎 26 普 神宮前　29 準 神宮前　37 普 神宮前　40 急 豊橋　45 特 神宮前 51 普 阿野								
名古屋本線西部方面	10 特 岐阜　19 普 佐屋　25 準 岐阜　35 普 岐阜　40 特 岐阜 49 普 弥富　55 急 岐阜								
犬山線方面	07 準 鵜沼　22 普 鵜沼　43 急 鵜沼　52 普 岩倉								

中京競馬場前付近を走る3900系。1957.12.2　In

3850系(モ3850形、ク2850形)

　戦後の新時代にふさわしい画期的な車両として、塗装は後の優等車の標準色となるサーモンピンクとマルーンの2色塗り、車体の側窓は広窓で車内は全固定クロスシートで登場した。制御器はユニットスイッチ式のABFM、台車はゲルリッツ式のFS-107で、電気制動を常用した最初の形式であった。電動車の車重は40㌧あり、名鉄の電動車中、最大であった。1966(昭和41)～70(昭和45)年の重整備によりモ3850形はウィンドゥ・シル/ヘッダー、ク2850形はウィンドゥ・ヘッダーの撤去を行い、運転台の嵩上げが行われている。モ3857-ク2857は1958

（昭和33）年11月に踏切事故で全焼し、3700系に似た全金属製車体が新造された。同車の車内は3900系の仕様で、扉付近はロングシートとなった。

　1964（昭和39）年から制御器のカム軸式への改造により他のAL車と併結できるようになり、2両組成との共通運用で使用された。電気制動は1969（昭和44）年に撤去されている。固定クロスシートであることから、3900系共々、OR車（オールド・ロマンスカー）と呼ばれた。1987（昭和62）年から1989（平成元）年にかけて廃車となり、台車、機器は6750系や3300系に再利用された。

3850系モ3852-ク2852　1955.8　新一宮　Si

3850系車内　モ3858　1959.6　Si

事故で全焼し、3700系に似た車体を新造したモ3857-ク2857。神宮前　1959.5.15　In

3900系（モ3900形、モ3950形、ク2900形、サ2950形）

3850系の増備車で、車内は座席配置を扉付近ロングシートに変更し、室内灯に蛍光灯を初めて使用した。東芝製PB-2A形電空油圧カム軸式多段制御器などの電装品はモ3506〜10を制御車化した機器を使い、当初、3本が2両組成で登場したが、翌年、中間車のサ2950形とモ3950形を組み込んで4連化している。パンタグラフは編成の両端に設置された。制御器は昭和30年代末にカム軸式に取り替えられている。

1954（昭和29）年7月に登場した4本目の編成（ク2904-モ3954-モ3955-ク2905）は電気制動を本格的に採用し、その後の高性能車の先駆けとなった。車体はこれまでの3900系と同じであるが、両端が制御車、中間2両が電動車の4両組成となった。

3850系と異なり、重整備で運転台の嵩上げやウィンドゥ・シル/ヘッダーの撤去は行われなかったので、原型を残していた。1985（昭和60）年に2904編成、1986（昭和61）年から翌年にかけて残る3編成も廃車になり、機器は3850系同様、瀬戸線6750系や3300系に再利用された。

3900系ク2901ほか。
1955.8 東岡崎 Si

高性能車の試作的要素を持って製造されたク2904編成。AL車では電動車の豊橋方車両が制御車となっている。
1958.8.1 豊橋 In

コラム 名鉄特急に対抗したC11牽引の快速列車

並行する名鉄線で特急運転が始まり、さらに所要時間が短縮されると、国鉄にとっては脅威となっていった。当時、国鉄東海道本線は非電化で、蒸気機関車による運行だった。そこで名鉄特急に対抗するため、1932（昭和7）年から製造された短距離用の機関車C11（一部C55）を使い、1950（昭和25）年10月から豊橋〜名古屋〜岐阜間で快速運転が行われた。

炭水車を持たないタンク式機関車のC11は、都市近郊の高速・高頻度運転を目的に設計され、バック運転でも高い速度での運転が可能な特性を活かして、短編成によるきめ細かな運行をすることを狙いとしていた。それを実践した活躍の舞台のひとつが名古屋周辺である。1955（昭和30）年には名古屋機関区に14両のC11が配置され、電気機関車の牽く東海道本線の長大な長距離普通列車に互して4両程度の客車を牽き、豊橋〜名古屋〜岐阜間の快速

列車のほか、武豊線から名古屋・岐阜を経て大垣・関ヶ原（垂井線経由）への近郊列車を牽引して、名古屋都市圏における普通列車の頻度を高めていた。この頃の武豊線の列車は東海道本線と一体となった運行だった。

C11牽引による快速列車は長距離急行並みの速度で運行され、豊橋〜名古屋間が最速71分運転で5往復、名古屋〜岐阜間が最速30分運転で7.5往復設定されており、所要時間は電化後の80系電車と比較しても遜色がなかった。東海道本線は1953（昭和28）年7月21日に浜松〜名古屋間が電化されるが、その後もC11牽引による近郊列車の運転は続けられた。東海道本線の普通列車が湘南電車と呼ばれる80系電車に置き換えられるのは、1955（昭和30）年7月20日の東海道本線稲沢〜米原間の電化時であり、その後も武豊線からの蒸機列車は1958（昭和33）年10月のダイヤ改正まで運行されている。

名古屋駅を出発するC11219牽引の快速列車。1955.7.2　Ar

栄生駅付近を走るC11牽引快速列車　1955.7　Si

現在の金山総合駅付近を走るC11265
牽引快速列車。
1954.6.3　熱田〜名古屋

中日球場を眺めて山王駅横を走るC11牽引列車　1955.6　Si

■東海道本線の80系電車投入への対抗

電化から2年。1955（昭和30）年7月20日から東海道本線豊橋～大垣間で80系電車の運転が開始された。「湘南電車」と呼ばれた80系は1950（昭和25）年に運転を開始した長距離列車用の電車で、電気機関車牽引の客車列車を置き換えるため製造された。それまで電車は大都市の短距離近郊輸送が主な用途であったが、80系電車は電気機関車牽引客車列車を大きく超える性能があり、後の電車特急の先鞭をつけることになった。また、貫通扉のない正面2枚窓のデザインは斬新で、国鉄のみならず、多くの鉄道に類似したデザインの車両が誕生した。

名古屋を中心とする東海道本線の80系電車は、朝ラッシュ後はそれまで概ね2時間間隔で運転されて

いた長距離の客車普通列車の間に1時間毎に運転され、普通列車は1時間に1～2本の運転となった。当時の普通列車は豊橋～名古屋間で片道24本あり、80系電車の所要時間は約80分、電気機関車牽引の客車列車で約100分。名古屋～岐阜間では片道26本あり、80系電車の所要時間は約30分、電気機関車牽引の客車列車で約40分であった。反面、1950（昭和25）年から蒸気機関車牽引で運転されていた快速列車はなくなり、全列車が各駅停車となった。

80系電車の運転に対抗するため、1955（昭和30）年7月から名古屋本線で6両編成での運転を開始（本格運転は豊橋、東岡崎、神宮前、金山橋、新岐阜のホーム延伸が完了した1957（昭和32）年から）するととも

名古屋駅を発車する80系電車　1955.7.2　Ar

東海道本線電化に対抗して6両編成となった名古屋本線の特急。1955.9　新一宮　Si

に、9月25日に運転頻度を高めるダイヤ改正を行い、新岐阜～新名古屋間の特急・急行を増発した。朝夕ラッシュ時には新岐阜～豊橋間の特急1往復を増発し、ピーク時には新岐阜～新名古屋間で特急3本、急行3本の10分間隔での運転となり、新名古屋～豊橋間では特急2本、急行1本であった（直通のみ）。昼間帯は新岐阜～新名古屋間で急行1本を増発して、特急2本、急行2本、準急1本、新名古屋～東岡崎間で特急1本、急行1本、準急1本の運転となった。

　また、三河線への直通列車は海線（碧南方面（1954（昭和29）年4月1日大浜港から改称）からの4往復に加え、山線（豊田市方面）から1往復が設定（名古屋本線内は特急あるいは準急）されている。

　それに先立ち、1954（昭和29）年12月1日に新名古屋駅地上部に名鉄百貨店が開店することを受けて、知多方面からの利便性を高めるため、同年11月15日から常滑・河和線列車の大部分が名古屋本線に直通運転している。直通列車の運行本数は43本から131本と大幅に増加し、これら列車は神宮前止まりが多かった犬山線の列車と結んで運転された。この頃の犬山線の急行は完全な等時隔ではなく、高山本線列車の接続を重視して運転され、概ね1時間に1本の運転で、新名古屋～新鵜沼間が41分、新名古屋～河和間が62分であった。なお、百貨店開業に先立ち、11月25日には新名古屋駅の新駅舎の使用が開始されている。

1955（昭和30）年9月25日ダイヤ改正　新名古屋駅発車時刻

路線	昼間時の基本パターン										
名古屋本線東部方面	06 普 鳴海	10 急 豊橋	20 特 神宮前	24 普 阿野	32 普 鳴海						
	35 準 美合	42 急 神宮前	50 特 豊橋	54 普 阿野							
名古屋本線西部方面	10 特 岐阜	25 急 岐阜	27 準 岐阜	40 特 岐阜	50 急 岐阜						
	57 普 岐阜										
常滑・河和方面	00 普 河和	16 普 常滑	44 急 河和	47 普 常滑							
犬山線方面	04 準 鵜沼	22 普 鵜沼	45 急 鵜沼	55 普 岩倉							

■ 画期的な高性能車の登場

そして1955（昭和30）年12月7日には、対国鉄の切り札として、画期的な高性能車である5000系の運転が開始された。

5000系は駆動方式をこれまでの吊掛式から中空軸並行カルダン駆動方式に変更して高速性能を高めるとともに、車体は丸みを帯びたモノコックで軽量構造の全金属製、制動は発電制動付電磁直通ブレーキ（HSC-D）を採用し、室内は転換クロスシートで、社内ではSR車（スーパーロマンスカー）と呼ばれた。前面は非貫通の2枚窓で曲面ガラスを採用し、主電動機は75kW×4台/両の全電動車で、先頭車と中間車でユニットを組んでいる。5000系は1955（昭和30）年11月〜翌年7月に4両組成5本の計20両が日本車両で製造され、特急に使用された。5000系の特急は好評で、1957（昭和32）年7月には中間車として5150系2両ユニット5本が製造され、中間に組み込んで6両組成5本となった。

1957（昭和32）年9月には5000系と同性能だが車体形状を変更し、前面を貫通扉つきとした5200系2両組成6本の12両が製造された。5200系は当初から連結運転を想定しており、当初は5200系同士を連結して4連あるいは6連で運転された。1964（昭和39）年には5000系中間車の5150系2両ユニットを組み込み、5本が4両組成化されている。

試運転で豊橋に到着した5000系。
1955.11　Km

全線時刻表 JAN. 1956
名鉄電車

5000系の登場による時刻改正が行われた1956（昭和31）年1月の時刻表（部分）

豊橋手前で国鉄101系と並ぶ5000系。101系は1957（昭和32）年から製造を開始した国鉄初のカルダン駆動の高性能車で、電車新時代の幕開けを象徴するシーンである。1958頃　Km

5200系に5000系を分割して2両を連結した変組成の4両編成（モ5202-モ5201＋モ5053-モ5003）。5000系の事故などの折には、2両組成の5200系を活用して柔軟な対応が行われた。1958年頃　Km

豊橋を発車する4両組成時代の5000系新岐阜行特急。1957.4.17　Hi

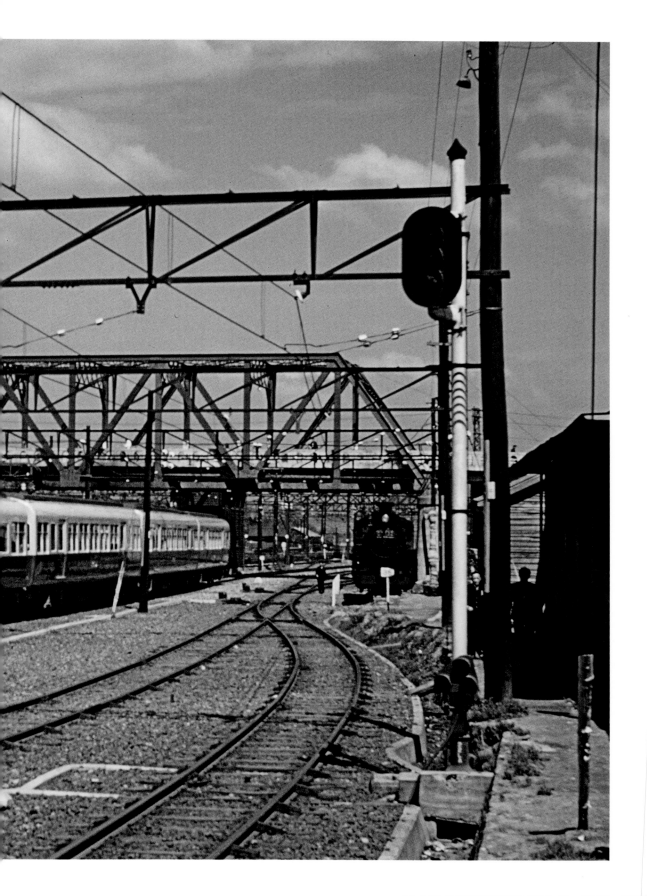

5000系

　1953（昭和28）年に国鉄東海道本線の浜松〜稲沢間が電化され、1955（昭和30）年に80系電車の運転が始まると、名鉄も対抗を迫られる。こうして1955（昭和30）年12月に登場したのが、軽量構造の全金属製車体でカルダン駆動方式などを採用した画期的な高性能車の5000系である。制御方式は多段単位スイッチ式で、先頭車と中間車でユニットを組み、制御装置を中間車に、補助電源装置（MG）・空気圧縮機（CP）等を先頭車に分散配置した。

　4両組成5本20両が製造され、車体はモノコックの丸みを帯びた形状で、前面は当時流行していた正面非貫通の2枚窓。台車はアルストーム式のFS-307。室内は転換クロスシートだった。

　当初、4両組成で登場したが、1957（昭和32）年から1964（昭和39）年まで、中間に5150系を組み込み、6両組成となった。その後、4両組成に戻り、後に製造された5200系、5500系と共にSR車（スーパーロマンスカー）として運用された。

　当初、当時の優等車両の標準色であるサーモンピンクとマルーンのツートンカラーで登場した5000系は、1966（昭和41）年以降、塗装が頻繁に変更され、ライトパープル、クリームに赤帯、スカーレットに白帯、1970（昭和45）年以降はスカーレット1色に統一された。製造以来、連結用のジャンパ栓の設備がなく、4両組成で運行されていたが、1971（昭和46）年の連結化工事でジャンパ栓が取り付けられたことから、5200系や5500系と連結して6両編成や8両編成の優等列車に使用されるようになった。運転台の曲面ガラスは事故などで割れた折に補充が困難であることから、縦桟入りの平面ガラスの組み合わせに変更した車両も出てきている。

当初は4両組成で登場した5000系。1955.11　新名古屋〜山王　Si

1957（昭和32）年7月に5150形2両ユニットを組み込み6両化された。1957.7　伊奈　Si

全転換クロスシートだった5000系車内　1955.12　Km

5200系

　1957（昭和32）年に2連6本が増備された。性能は5000系と同じだったが車体をモデルチェンジして直線的な形状となり、前面に貫通扉が付き、側窓は一段下降式となった。当初は5200系どうしを連結して4連あるいは6連で使用された。主要機器は5000系と同じであるが、偶数号車に集電装置・制御装置、奇数号車に補助電源装置・空気圧縮機を搭載し、全電動車組成の標準仕様となった。

　1964（昭和39）年以降は5000系の中間車である5150形を組み込み、4連化された。しかし、車体形状が異なることから編成としての美しさには欠けていた。5200系も5000系同様、1966（昭和41）年以降、たびたび塗色を変え、1970（昭和45）年以降はスカーレット1色に統一された。

　4連化後は、5000系や5500系と共通で運用されて優等列車に使用

された。側面の一段下降窓は雨水で腐食が激しいことから、1978（昭和53）〜80（昭和55）年に二段窓に改造されている。冷房改造が行われなかったことから1987（昭和62）年までに廃車となった。車体は豊橋鉄道に譲渡され、国鉄101系などの中古機器を組み合わせて1900系となり、冷房化されて1997（平成9）年の渥美線1500V昇圧まで活躍した。

1964（昭和39）年以降、中間に5150形2両ユニットを組み込み4両組成化された。碧南　1964.8　Si

2両単位で組成できた5200系　金山橋〜中日球場前　1961.8　Si

■冷房車5500系の登場と105km/h運転の開始

5200系に続いて1959（昭和34）年に登場した5500系は、特別料金が不要の列車としてはわが国初の冷房車として登場した。5500系は、貫通扉のついた前面や3灯の前照灯は5200系を踏襲しているが、冷房装置を載せるため屋根は低くなった。冷房用の電動発電機（MG）とクーラー起動装置を床下に収める必要があることから、主制御器や抵抗器などを箱に収めたパッケージ型の制御装置を採用し、この装置は7000系パノラマカーに引き継がれている。4連が5本、2連が5本の計30両が製造され、塗装は優等列車の標準色であるサーモンピンクとマルーンの2色塗りで、側窓は2段上昇式となり、室内は扉付近がロングシートのほかは転換クロスシートである。

5500系の登場にあわせて1959（昭和34）年4月1日から最高速度が105km/hに引き上げられた。これに先立ち、1957（昭和32）年9月には広江～新岐阜間の複

犬山橋を渡る5500系。犬山遊園～新鵜沼　1962.12.24　Hi

線化、曲線改良と新岐阜駅の1線増設、1958（昭和33）年3月に庄内川橋梁の架け替えが行われており、新岐阜〜新名古屋間の所要時分は32分から30分に短縮された。新名古屋〜豊橋間の所要時間は65分で変わらず、新岐阜〜豊橋間では1時間36分となった。新木曽川、須ヶ口、栄生、今村のホーム延伸により、急行の6両運転も始まっている。また、神宮前を境に特急から急行など種別を変更して、需要に対応した柔軟な運行が行われるようになった。1959（昭和34）年4月

の知立駅の移転により、東海道本線電化への対抗策として三河線碧南方面への直通特急が毎時1本設定され、新名古屋〜碧南間を64分で走行した。

支線区の速度向上も行われ、河和線は普通列車車両のAL車への置き換えで約4分、津島線重軌条化で最高速度を85km/hに向上して約4分、尾西線は最高速度を60km/hから70km、挙母線は同60km/hから70km/h、三河線は同65km/hから75 km/hにあげることで、それぞれ2分短縮している。

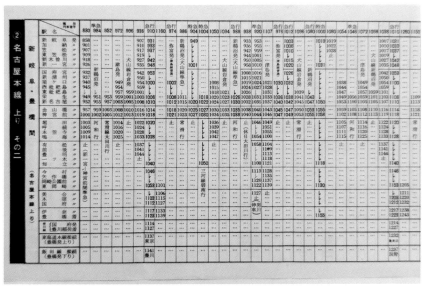

5500系登場により最高速度を105km/hに向上した1959（昭和34）年4月1日改正時刻表

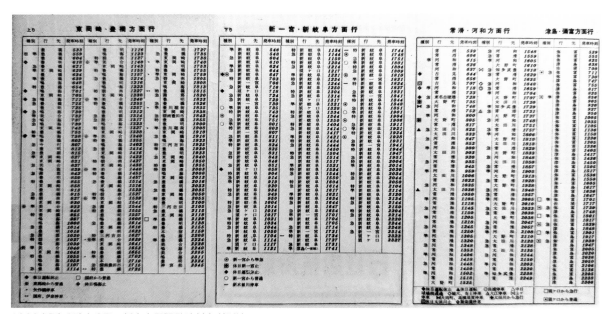

1960（昭和35）年3月　新名古屋駅発時刻表（部分）

美合付近を走る5500系6連。左端の線路は日清紡美合工場への引込線。1959.5.26　In

5500系

1959（昭和34）年に登場した特別料金が不要の列車としてはわが国初の冷房車。4連が5本、2連が5本の計30両が製造された。5200系同様、2両を1ユニットとして機器を分散し、75kWの主電動機を1車あたり4台載せた全電動車方式で、パノラミックウィンドウや3灯の前照灯など、外観もよく似ているが、屋根上に冷房機を載せるため屋根が低くなり、より洗練された外観となった。側窓は2段式である。冷房装置の電源用に大型の電動発電機と起動装置を床下に載せる必要があることから、制御装置を小型化し、主制御器、主抵抗器、送風機を箱に収めたパッケージ型のMCM型制御装置を採用しており、この装置は7000系パノラマカーにも引き継がれている。制御装置は再びカム軸式となった。台車はFS-326で、5200系でさまざまな空気バネ台車の試験が行われていたものの、枕バネは金属バネであった。

7000系パノラマカー登場までは名鉄のシンボルカーとして名古屋本線の特急に活躍し、7000系増備後は5000系、5200系と共にSR車（スーパーロマンスカー）のグループで運用され、各線の優等列車で活躍し、有料の座席指定特急にも使用された。5000系や5200系同様、1966（昭和41）～1970（昭和45）年にかけてたびたび色を変え、1967（昭和42）年秋からストロークリームに幅200mmの赤帯、1968（昭和43）年からのスカーレットに幅150mm（一部は幅120mm）の白帯、1970（昭和45）年以降はスカーレット1色となった。1977（昭和52）年3月以降は原則として有料の座席指定特急には使用されなくなるが、1981（昭和56）年4月には踏切事故にあった7700系モ7703の修理に伴い、同編成の岐阜方にモ5519-5520が連結され、座席にカバーをつけるなどの整備をして使用された。

2000（平成12）年から廃車が始まり、2003（平成15）年には残った2両組成3本に復刻塗装をおこない、「甦（よみがえ）る5500系」として運転された。2005（平成17）年の空港線開業後に全車廃車となった。

茶所検車区の5500系。1959.4　Si

■観光列車の運転

　戦後の復興がすすみ、人々の暮らしが落ち着きを取り戻してくると、行楽を楽しむゆとりが生まれてきた。観光地や交通手段の整備も進み、さらに1954（昭和29）年に高度経済成長の幕開けとなった神武景気がはじまると、観光旅行が生活の中に根付いていった。

　戦後初の観光団体向け臨時列車は1948（昭和23）年11月27、28日に運転された「南知多号」で、車両は3800系で車内に補助席を使用して座席指定を行い、果物や菓子の車内サービスもあった当時としては画期的なデラックス列車で、海をデザインした円形の

ヘッドマークを掲げたという。

　週末特急、あるいは日曜特急と呼ばれた本格的な観光列車の運転は、1952（昭和27）年秋から始まる。1952年9〜11月に運転され豊橋でバスに連絡した「いらこ」号、1953年2〜3月に運転された「フリージヤ号」、1954年と翌年春に運転された南知多への「南知多号」、土曜特急として1954年と翌年の犬山鵜飼シーズンに運転された「犬山うかい号」などである。「いらこ」号では、新岐阜発7時38分、新名古屋発8時24分で豊橋から遊覧バスで伊良湖を巡り、新名古屋に18時36分、新岐阜に19時19分に戻る行程であった。

「いらこ号」3400系モ3402-モ3452-ク2402。
国府　1952　Km

「フリージヤ号」
3850系ク2858-モ3858。
伊奈　1953　Km

「佐久間号」 記録に残っていないが、1956（昭和31）年に竣工した佐久間ダムへの観光列車として、バスと連絡して運転された。
　　1956.12　国府　Si

「犬山うかい号」3600系　1954　Km

「成田山」号　2000形2002ほか　　Km

この頃、伊良湖や南知多を除くと名鉄沿線の観光地は、温泉のある西浦周辺や木曽川を小舟で下るライン下りのある犬山周辺であった。しかし、そこへの路線である西尾・蒲郡線や広見線は架線電圧600Vだったことから、これら路線に直通運転をするため、1955（昭和30）年4月から戦前の最優秀車両であるクロスシートの3600系（モ3600形-ク2600形、元モ3350形-ク2050形）4本を複電圧車に改造した。

複電圧車による観光列車の直通運転は、1955（昭和30）年夏に日本ライン下りのあるライン遊園への路線である広見線へ「ライン号」として始まり、同年11月には温泉地の三河湾に向けて新岐阜発形原行の「いでゆ号」を運転、1958（昭和33）3月に蒲郡に延長した。これら観光列車の乗客には座席を確保し、観光地の乗船券などがセットになったクーポン券のような回遊乗車券が発売された。また1956（昭和31）年3月11日からは、複電圧車を使い、栄生〜西尾間に定期急行1往復が運転されている。

複電圧車による最初の観光列車である「ライン号」　モ3604-ク2604。1955.8　今渡　Si

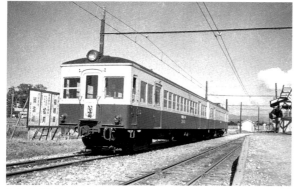

3600系を複電圧車に改造して運行した「いでゆ号」
モ3602-ク2602。1955.11　西浦　Si

「いでゆ号」のサボ　ク2602。195511　西浦　Si

216

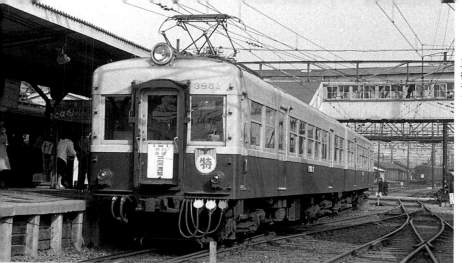

三河湾国定公園の制定により運行を始めた日曜特急「三河湾号」。
モ3851-ク2851
1958.3　神宮前　Si

河和から船で伊良湖を結んだ「伊良湖号」
ク2852-モ2852
河和　1957.3
Si

西尾・蒲郡線の架線電圧昇圧で運行が始まった蒲郡線への直通特急。運行初日の4月2日に西浦で3800系の新一宮行と行き違う。
モ3601-ク2601　西浦　1960,4.2　Si

名鉄では三河湾の観光開発を進め、1957（昭和32）年5月に幡豆町（現・西尾市）の東幡豆沖にある沖島にニホンザルを放飼して愛称を「猿が島」とし、翌58（昭和33）年9月には前島を「うさぎ島」として開苑して、両島をめぐる観光船を運航した。また、蒲郡市と共同で1957（昭和32）年11月21日に形原温泉から三ヶ根山頂を結ぶ三ヶ根山ロープウェイを開業。1959（昭和34）年10月15日には山頂に回転展望台を開設している。

こうした観光施設の整備とともに、1958（昭和33）年4月に三河湾東部と渥美半島、知多半島の一部が三河湾国定公園に指定されると観光地としての位置づけが高まり、多くの観光客を集めるようになった。1958（昭和33）年春には、名古屋本線に日曜特急「三河湾号」を運行した。1959（昭和34）年7月12日に蒲郡線、翌60（昭和35）年3月27日に西尾線の架線電圧が1500Vに昇圧されると最高速度がそれぞれ70km/h、80km/hに向上するとともに、両線へ名古屋本線からの直通運転が可能になり、新名古屋〜蒲郡間には直通急行2往復、休日には蒲郡線への観光列車として特急「三ヶ根号」が新岐阜〜形原間で運転された。

休日運転時代の特急「三ヶ根号」運行時刻

	新岐阜	新名古屋	形原
三ヶ根号 （休日運転）	8:29	9:05	10:30
	13:29	14:05	15:30
	12:47	12:17	10:50
	17:47	17:17	15:49

蒲郡線への直通特急は、休日には「三ヶ根号」の名称が付けられた。
モ3602-ク2602　金山橋
1961.6　Si

河和で並ぶ3850系の観光特急「南知多号」と3550系の鵜沼行急行。
1961.6　Si

行楽需要の増加と共に、休日の観光客に対応するため、1960（昭和35）年10月2日に休日ダイヤを設定し、日祝日には「ながら号」「ライン号」「南知多号」「伊良湖号」と名付けた観光特急の運行が年間を通じて行われた。中でも「ながら号」には家族専用のファミリーカーが連結されて座席が確保された。なお、下りの「ライン号」は犬山線内を特急として運転され、岩倉、古知野を通過し、新鵜沼まで32分で運転されている。

　観光輸送の中でも、混雑が激しかったのが夏の海水浴輸送であった。名古屋港の埋立が進み工場地帯が造成されると、新舞子や長浦など常滑線沿線の海水浴場に代わり、水の奇麗な内海など知多半島先端の海水浴場が人気を集めるようになった。ピーク時の夏休み中の日曜日の午後には海水浴帰りの乗客が河和駅に集まり、激しい混雑を呈した。

　こうした状況に対し、特別な料金を払っても座って快適に乗車したいという要望が生まれてくる。この対応として、1961（昭和36）年7月に快適な冷房車で座ったまま行ける海水浴特急として座席指定特急「内海号」の運転が開始される。車両は冷房車の5500系を使用し、運転は7月23日から8月13日までの22日間で、料金は新岐阜〜河和口間100円、新名古屋〜河和口間70円であった。名鉄における初の座席指定の有料特急である。行先が河和口なのは、河和口で内海行バスに連絡したからである。

　「内海号」は好評で、翌年以降も継続して運転された。1964（昭和39）年夏には、SR車を使い、座席指定料金を徴収しない一般特急として「篠島号」が増発されている。1964（昭和39）年の両列車の運転時刻は次頁の通りで、同年から座席指定料金は均一制の100円となった。

家族専用車のファミリーカーを2両連結した「ながら1号」。

観光特急には豊橋で駅弁も販売された。
1960.6　Si

●観光列車のダイヤ

	豊橋	東岡崎	神宮前	金山橋	新名古屋	犬山	犬山遊園（今渡）	新鵜沼（八百津）	
ライン号（ゆき）	8.18→	8.49→	9.23→	9.26→	9.32→	10.07→	10.02(10.28)→	10.04(10.57)	今渡でライン下り定期船に連絡
〃（かえり）	18.45←	18.15←	17.38←	17.35←	17.29←	16.57←	16.55←	16.53	

	新岐阜	新一宮	新名古屋	金山橋	神宮前	豊橋	
伊良湖号（ゆき）	8.18→	8.30→	8.50→	8.55→	8.58→	9.56	渥美半島めぐり観光バスに連絡
〃（かえり）	18.40←	18.27←	18.09←	18.04←	18.00←	17.04	
伊良湖2号（栄生発）		8.57→	9.01→	9.06→	9.09→	10.08	
はまなこ号	8.39→	8.51→	9.10→	9.15→	9.18→	10.23	浜名湖めぐり観光バスに連絡

	新岐阜	新一宮	新名古屋	金山橋	神宮前	河和	
南知多号（ゆき）	8.02→	8.29→	8.43→	8.47→	8.50→	9.39	南知多めぐり観光バスに連絡
〃（かえり）	18.36←	18.18←	17.56←	17.51←	17.47←	16.52	

	新岐阜	新一宮	新名古屋	金山橋	神宮前	堀田	西浦	形原
三ヶ根1号（ゆき）	8.29→	8.45→	9.05→	9.09→	9.13→	9.15→	10.28→	10.30
〃（かえり）（栄生着）	12.20←	12.17←	12.11←	12.08←	12.06←		10.53←	10.50
三ヶ根2号（ゆき）（栄生発）	14.01→	14.05→	14.09→	14.13→	14.15→		15.28→	15.30
〃（かえり）	17.48←	17.34←	17.17←	17.11←	17.08←	17.06←	15.53←	15.49

	豊橋	東岡崎	神宮前	金山橋	新名古屋	新一宮	新岐阜	
ながら1号（ゆき）	8.45→	9.11→	9.41→	9.44→	9.50→	10.18→	10.22	
〃（かえり）	18.30←	18.00←	17.28←	17.25←	17.19←	17.01←	16.49	後部2輌家族専用車
ながら2号	9.45→	10.11→	10.41→	10.44→	10.50→	11.08→	11.22	

出典：1961年4月
名鉄ニュース

金山橋に停車する名鉄初の座席指定特急「内海」号。列車種別は臨時特急となっている。
1961.8　SI

初の座席指定特急である「内海」号の発車式。
新名古屋　1961.7.23　Nr

1964（昭和39）年夏の海水浴特急時刻表

	新岐阜	新一宮	新名古屋	河和口	河和
座席指定・冷房特急「内海号」	8:20	不明	8:53	9:45	－
7/18 ～ 8/16	18:25	不明	17:54	17:06	－
定期特急（ロマンスカー）「篠島号」	－	8:20	8:40	－	9:38
7/18 ～ 8/16の平日	18:40	18:25	18:05	－	17:12
「篠島2号」　同期間中の土曜日	13:11	13:25	13:44	－	14:34
「篠島1号」　同期間中の日曜日	7:32	犬山線	8:35	－	9:34
	17:43	17:26	17:06	－	16:06
「篠島2号」　同期間中の日曜日	8:16	8:31	8:51	－	9:42
	18:21	18:05	17:47	－	16:50

太田川で並ぶ臨時特急「内海」
号と河和行特急。
1961.7　Si

河和口の「内海」号。内海へのバ
ス連絡は河和口で行われた。
1961.7　Si

5500系冷房車を使用した初の座席
指定特急である「内海号」の横サボ。
号車標記は平仮名の「いろは」である。
河和口　1961.7　Si

■ 週末に蒲郡線に向けて運転された日曜特急・観光列車

1955(昭和30)年11〜12月に
3600形複電圧車を使って形原行で
運転された日曜特急の「いでゆ号」。
1955.11　堀田　Si

1961(昭和36)年6月から土曜日
に形原行で運転された観光列車の
「いでゆ号」。
1962.8　新一宮　Si

1961(昭和36)年6月から日曜日
に形原行で運転された観光列車の
「さんがね号」。
1963.11　金山橋　Si

東西直通運転から1961（昭和36）年までの優等列車の運転区間と運転期間

種別	列車名	有料	運転区間	期間	特記事項
名古屋本線					
特急			新岐阜～新名古屋～豊橋	48.5.16～53.6.27	新岐阜～豊橋間　48.7.5から昼間運休
特急			新岐阜～神宮前	48.7.5～60.5.31	
特急			新岐阜～新名古屋～豊橋	53.6.28～77.3.19	
特急・急行			新岐阜～新名古屋～豊橋	55.9.25～67.8.21	(急)豊橋～東岡崎、(急)豊橋～神宮前
急行			新岐阜～新名古屋～豊橋	48.5.16～67.8.21	
準急			東岡崎～新名古屋～新岐阜	48.5.16～51.7.14	
準急			新岐阜～新名古屋～豊橋	51.7.15～90.10.28	
観光・季節特急					
特急	いらこ		新岐阜→新名古屋→豊橋	52.9.14～11の日曜	1955.10～11の日曜も運行
特急	フリージャ		栄生→豊橋	53.2.14～3.14の日曜	
特急	佐久間		不明→豊橋	不明	
特急	三河湾		不明→豊橋	58.3～不明の日曜	
特急	いらこ		新岐阜→新名古屋→豊橋	60.10～67.8　休日	
特急	ながら		新岐阜～新名古屋～豊橋	60.10～65.9　休日	1960.10～1964.9家族専用車連結
特急	はまなこ		新岐阜→新名古屋→豊橋	61.6～67.8　休日	浜名湖の表記もあり
名古屋本線←→豊川線・豊川線線内					
団体・臨時					
団体	開運列車		新岐阜・新名古屋～豊川	50.1.4,5	
団体			新名古屋～小坂井～鳳来寺	50.4.25～54.12	団体・不定期　国鉄飯田線、田口鉄道直通
団体			新名古屋～小坂井～三河川合	50.4.25～54.12	団体・不定期　国鉄飯田線直通
団体			近鉄線～新名古屋～豊川稲荷など	50.8.26～52.12.20	近鉄からの直通
団体			四日市～鳳来寺	50.8.26～52.12.20	近鉄からの直通
団体	かなえ講		新岐阜・新名古屋～豊川	49～84頃運転	
名古屋本線←→西尾・蒲郡線・西尾線線内					
急行			栄生～西尾	56.3.11～60.3.26	複電圧車使用
急行			(新岐阜～)栄生～蒲郡	60.3.27～64.9.13	
急行			今村～西尾	60.3.27～64.9.13	
観光・季節特急					
特急	いでゆ		新岐阜～新一宮～形原	55.11～12の日曜	以後も運転、1958.3から蒲郡に延長・複電圧車を使用を追加
特急			新岐阜→新一宮→形原	61.6～64.9　土曜	
特急	三ケ根		新岐阜→新一宮→形原	60.3～61.6　休日	三ケ根の名称は5月から
特急	さんがね		新岐阜→新一宮→形原	61.6～64.9　休日	
名古屋本線←→三河線・三河線線内					
特急			新岐阜～知立～大浜港	50.9.17～59.3.31	朝夕2往復、三河線内準急
特急			新岐阜～知立～三河平坂	55.9.25～59.3.31	三河線内準急
特急			猿投～知立～新岐阜	55.9.25～59.3.31	三河線内準急
特急・急行			栄生～碧南	59.4.1～61.6.11	三河線内急行
特急・急行			栄生～碧南～三河吉田	61.6.12～64.9.13	三河線内急行
観光・季節特急					
急行	かえで		新岐阜～新名古屋～西中金	不明～64までの11月休日運転	
名古屋本線・豊川線・西尾線←→犬山線					
急行			豊橋～新鵜沼	57.3.17～65.3.20	
観光・季節特急					
特急	犬山うかい		豊橋→新名古屋→新鵜沼	54,55の鵜飼シーズン土曜日	土曜又は週末特急と呼称　以後も運転
特急	日本ライン		豊橋→新名古屋→新鵜沼	55.5.15～55.7.10	日曜特急と呼称
特急	ラインパーク		豊橋～新名古屋～新鵜沼	60.10～65.9　休日	
犬山線・名古屋本線←→常滑・河和線					
特急・急行			新岐阜～新名古屋～河和	50.7.10～64.9.13	河和線内急行(55.9.25より新岐阜～新名古屋間急行)
急行			神宮前(西駅)～常滑	42.7.10～54.11.14	
急行			神宮前(西駅)～河和	42.7.10～54.11.14	
急行			神宮前～岩倉～新鵜沼	48.5.16～50.9.16	朝夕のみ、岩倉から普通
急行			神宮前～新鵜沼	50.9.17～62.6.24	高山線連絡・新名古屋～新鵜沼41分
急行・準急			新鵜沼～神宮前～河和	51.10.7～62.6.24	
急行・準急			新鵜沼～常滑	52.12.15～65.9.14	朝夕のみ
準急			神宮前～岩倉～東一宮	49.9.25～59.3.31	
観光・季節特急					
団体	南知多		名古屋本線～河和	48.11.27,28 観光団体臨運転	48.7.4～予定臨設定
団体	愛の星		金山橋～犬山橋	49.4.29	戦災孤児をこども博に招待
特急	南知多		新岐阜→新名古屋→河和	54.5.16～54.7.18	日曜特急と呼称。55.5.15～7.10の日曜、以後も運転 3850形限定
特急	南知多		新岐阜→新名古屋→河和	60.10～65.3　休日	新岐阜～新名古屋間急行
特急	ライン		知多武豊(常滑)→新名古屋→今渡→(八百津)	60.10～65.9　休日	常滑線内急行・複電圧車使用
特急	きんか		河和(知多武豊)→新岐阜	61.6～64.9　休日	
特急	内海	●	新岐阜～新名古屋～河和口	61.7.23～8.13	65.8まで毎夏運転
津島線					
急行			神宮前～津島	48.5.16～55頃	朝夕のみ
急行			名古屋本線～佐屋	55頃～57頃	朝夕のみ、須ケ口～津島間無停車
急行			名古屋本線～佐屋	57頃～61.6.11	朝夕のみ
急行			名古屋本線～津島	61.6.12～65.12.14	朝夕のみ　須ケ口～津島間無停車
各務原線					
急行			新岐阜～新鵜沼	58頃～59.3.31	
準急			新岐阜～新鵜沼	55.9.25～58頃	
準急			新岐阜～新鵜沼	59.4.1～64.3.14	急行は朝夕のみ

凡例　→ 片方向に運転　～ 両方向に運転　● 座席指定
＊運行種別と運行区間は、昼間帯の運行を基本としているが、朝夕や1本だけの運行であっても特徴的なものは掲載している
＊列車名称は運行区間の変遷を目的として定期的に運行されたものを掲載した。このため、イベントのPRなど目的に短期間のみ運転された列車名称は載せていない。

服部重敬（はっとりしげのり）

1954年名古屋市生まれ。1976（昭和51）年名古屋鉄道入社。NPO法人名古屋レール・アーカイブス設立発起人のひとりで現在4代目理事長、一般財団法人地域公共交通総合研究所研究員。
1980年代にまちづくりにおける軌道系交通のあり方に関心を持ち、世界の都市交通の調査・研究を進め、次世代型路面電車（LRT）の動向を中心に、寄稿、講演などを通じて各方面に情報を発信している。近年は「国鉄時代」「蒸機の時代」「レイル」などに国内外鉄道記事の寄稿や写真提供も多い。
主な著書に「名古屋市電」（ネコ・パブリッシング/2014年島秀雄記念優秀著作賞受賞）、「名古屋市営交通の100年」「富山県の鉄道」（フォト・パブリッシング）、「汽車・電車・市電ー昭和の名古屋鉄道風景」（トンボ出版）、「路面電車新時代ーLRTへの軌跡」（編著、山海堂）、「LRT」（共著、成山堂）、「世界のLRT」（共著、JTBパブリッシング）などがある。

NPO法人名古屋レール・アーカイブス

貴重な鉄道資料の散逸を防ぐとともに、鉄道の意義と歴史を正しく後世に伝えることを目的に、2005（平成17）年に名古屋市で設立。2006（平成18）年にNPO法人認証。所蔵資料の考証を経て報道機関や出版社・研究者などに提供するとともに、展示会の開催や原稿執筆などを積極的に行う。本誌に掲載している白井 昭氏、倉知満孝氏、小林磐生氏、J.W.Higgins氏等の写真や資料は、いずれもNPO法人名古屋レール・アーカイブスでデジタル化して保存されている。

昭和〜平成時代の名古屋鉄道 第2巻
名古屋本線西部・津島線・尾西線

発行日 ……………… 2024年5月30日　第1刷　　※定価はカバーに表示してあります。

著者 ………………… 服部重敬

発行者 ……………… 高山和彦

発行所 ……………… 株式会社フォト・パブリッシング
　　　　　　　　　　〒161-0032　東京都新宿区中落合2-12-26
　　　　　　　　　　TEL.03-6914-0121 FAX.03-5955-8101

発売元 ……………… 株式会社メディアパル（共同出版者・流通責任者）
　　　　　　　　　　〒162-8710　東京都新宿区東五軒町6-24
　　　　　　　　　　TEL.03-5261-1171 FAX.03-3235-4645

デザイン・DTP ……… 柏倉栄治（装丁・本文とも）

印刷所 ……………… サンケイ総合印刷株式会社

ISBN978-4-8021-3463-7 C0026

本書の内容についてのお問い合わせは、上記の発行元（フォト・パブリッシング）編集部宛てのEメール（henshuubu@photo-pub.co.jp）または郵送・ファックスによる書面にてお願いいたします。